VOYAGE
AU **PAYS** DES
DIRIGEANTS

Benoît **FALQUE**
Gérard **VAEL**

VOYAGE
AU **PAYS** DES
DIRIGEANTS

Réflexions & Pratiques

Préface François Humblot

BFC - DM
EDITIONS

www.bfcdm-editions.com

Auteurs : Benoît Falque - Gérard Vaël
Illustrations : Faldo
Mise en page : Julie Charvet

© BFC-DM Editions 2017
ISBN : 978 29 55691 11 3
contact@bfc-dm.com

À Alizée, Matteo et Thanys :
« En mémoire des trois piliers de la réussite :
faire ce que l'on dit, finir, et maîtriser
le langage. »

Benoît Falque

À nos clients, amis et partenaires
qui ont inspiré ce livre. À vous, lecteurs,
qui par vos retours pourront l'enrichir.

Gérard Vaël

Avant-propos

BFC DM Editions ouvre une collection « Dirigeants & Managers » à la fois modeste et utile pour réfléchir et prendre de la hauteur. Faire une « passe en arrière » pour transmettre et transformer l'essai à partir des convictions d'expérience. Elle s'adresse aux dirigeants avant tout mais aussi à tous ceux qui les côtoient, c'est-à-dire à chacun d'entre nous. Qu'ils soient capitaines d'industrie, patrons de PME ou d'associations, politiques ou officiers, ils nous entourent, nous gouvernent, pour le meilleur parfois.

Pourquoi ont-ils choisi ce métier... Intérêt individuel, capacité d'agir sans être empêché, volonté de marquer son temps, sens de la mission, représentation collective, soif de pouvoir, désir intime... Peu importe ! Ils sont là, avec l'envie d'avancer, frustration parfois, incompréhension de l'environnement souvent. Pourtant nous avons besoin d'eux. Nous pourrions nous y engager également mais... nous le savons bien... Quel métier !

« *Penser l'avenir, sortir de l'urgence et dépasser les difficultés* » s'inscrit inévitablement dans leur quotidien. Comment faire dans un faisceau de forces opposées ? On se croirait dans un hélicoptère : toutes les pièces ne demandent qu'à se disloquer, et pourtant ça vole.

C'est dans cette perspective que Benoît Falque Consultants SAS, cabinet conseil spécialisé dans l'accompagnement des dirigeants, a créé BFC DM Editions. Le sens de la collection est de partager en profondeur avec les dirigeants et leurs équipes. Prendre du recul, se donner de nouveaux choix. Sortir de la préférence spontanée vers des alternatives nouvelles, pousser les frontières et les barrières. Libérer, coopérer, se réinventer si nécessaire.

Co-écrit avec Gérard Vaël (conseil, coach et médiateur expert de la qualité relationnelle), ce livre est interactif. C'est ainsi un support de réflexions et de notes personnelles. Notes et réflexions pour échanger ensuite, pour questionner, pour se souvenir, pour progresser et faire progresser.

Introspection donc ? Définitivement oui. Ou tout cela ne sert à rien. Les prérequis : vouloir s'enrichir et se remettre en cause, ouvrir son esprit et avancer tout simplement. Une difficulté peut-être pour les sachants et les supers héros. Plus facile certainement pour les chercheurs de vérité et humanistes pratiquants. Au fond, il s'agit ici de prendre rendez-vous avec soi-même. S'autoriser un moment pour penser, réfléchir. Et puis, des décisions germeront peut-être. Elles se transformeront inévitablement en travail. Raison pour laquelle tant de personnes reculent devant la prise de décision.

Mais dépassons ensemble la difficulté de « Faire ».

Avec bienveillance, et sans complaisance... Bonne lecture !

« Prenez mes idées, j'en aurai d'autres »
Coco Chanel

Sommaire

Préface de François Humblot
Avec les consultants... revisitez le rôle
de dirigeant

Prologue .... **p 22**
De l'interaction des métiers de dirigeant et
de consultant

Chapitre I.. **p 25**
Risques et limites du leadership
1. Nos excès de style
2. S'ajuster pour réguler
3. Repères et introspection

Chapitre II.. **p 40**
Introspection sur 3 dimensions :
1. Diriger à partir de la vision
2. Manager les hommes et les situations
3. Coacher pour entrer dans le management
éclosif et libérateur

Chapitre III..**p 134**
De l'introspection à l'envie d'agir *(partie dédiée
aux retours d'expérience)*
1. Quelles questions?
2. Quelle analyse de la situation ?
3. De la demande à la problématique

Chapitre IV..**p 152**
Pour aller plus loin *(partie interactive dédiée à la
mise en mouvement)*
1. L'Hélice de l'engagement
2. L'Origami des compétences
3. Les fondements de la confiance

Chapitre V..**p 168**
Epilogue *(partie personnelle : La suite vous appartient)*
1. Envies
2. Freins
3. Aspirations

Biographie des auteurs

Préface de François Humblot

AVEC LES CONSULTANTS...
REVISITEZ LE RÔLE
DE DIRIGEANT

« Méfiez-vous des consultants... mais sachez aussi les apprécier à leur juste valeur ! »

A partir de ma triple expérience de dirigeant de cabinet de recrutement, consultant en ressources humaines depuis plus de quarante ans et élu d'organisations professionnelles*, je suis bien placé pour vous alerter. Il ne suffit pas d'avoir été dirigeant ou manager pour s'autoproclamer consultant ou coach... Bien au contraire. Être utile et pertinent ne s'improvise pas. Les postures de dirigeant,

*Note de l'éditeur : François Humblot a créé et dirigé pendant plus de vingt ans le cabinet de recrutement Humblot-Grant Alexander, devenu Grant Alexander Executive Search dont il est Directeur Associé. En tant qu'élu d'organisations patronales il est Administrateur de Syntec Conseil en Recrutement depuis 1992 et membre du Bureau du Groupement des Professions de Services du MEDEF depuis 2011. Il a été Président de Syntec Conseil en Recrutement de 1996 à 2001, Président de Syntec Etudes & Conseil de 2011 à 2015, Trésorier de la Fédération Syntec de 2000 à 2007 et Administrateur de la même fédération de 2011 à 2015.

de conseiller et de coach ne sont pas les mêmes et les métiers sont différents. Faire appel à un consultant va de soi pour certains, et moins pour d'autres. Chacun de nous a pourtant besoin d'être accompagné au bon moment, sur les sujets sensibles et à fort enjeu. Même si par nature, le dirigeant est seul pour décider, l'apport et le soutien d'un tiers finement choisi questionne, nourrit, enrichit, conforte ou alerte utilement. Décider d'être accompagné est un signe de lucidité et d'intelligence, pas un aveu de faiblesse. D'ailleurs, les grands sportifs ont un coach, précisément parce qu'ils sont dans l'excellence. Il en va de même avec les hauts potentiels.

Le métier de consultant s'apprend surtout par compagnonnage auprès de ses pairs en partage d'expérience. Il repose sur l'esprit de service, la qualité relationnelle et l'aspiration au progrès continu. Un consultant doit être capable de :
- Comprendre la demande de son client et détecter, au-delà de cette demande, son besoin implicite et de l'analyser.

- Offrir un espace de réflexion paisible qui favorise prise de recul et clairvoyance.
- Faire valoir son expertise avec simplicité, sans arrogance et assurer au client de co-construire la mission avec lui.
- Apporter de nouvelles pistes, s'autoriser à sortir du cadre, pour aller plus loin.
- Changer d'angle, déplacer la caméra, de l'analyse à la synthèse et vice versa ; Prendre de la hauteur et zoomer sur les enjeux.
- Distinguer l'important de l'urgent et surtout mettre l'essentiel au cœur de l'important.
- Comprendre la culture de son client et inspirer des plans d'actions applicables.
- S'exprimer avec clarté et sans pédanterie pour être compris.
- Proposer des méthodes de résolution coopératives et créatives.
- Trouver un juste équilibre entre l'apport d'expertise et la participation des acteurs, pour permettre une mise en œuvre réussie et durable.
- Savoir dire non et l'expliciter.

Il n'a pas à :
- Prendre des décisions à la place de son client ;
- Se comporter comme un professeur, apporter des idées que le client ne pourra pas s'approprier ou surestimer ses capacités et moyens d'action ;
- Traiter ses clients en niant leurs spécificités ;
- Croire qu'une bonne solution se suffit à elle-même ;
- Ressortir indéfiniment les mêmes méthodologies qui ont fait leurs preuves hier mais qui ne sont plus adaptées aux nouveaux contextes et empêchent l'innovation ;
- Vouloir imposer partout des processus qui brident l'initiative et étouffent les entreprises ;
- Resserver des méthodes de management axées sur le seul culte de la rentabilité qui paupérisent les relations entre les salariés et ne valorisent pas l'esprit d'équipe et la puissance d'un collectif soudé.

La séniorité du consultant peut garantir sa maîtrise du métier, son niveau d'expertise et sa légitimité, à condition de l'avoir préservé de la prétention et de l'excès de confiance en lui.

De même, le métier de dirigeant n'est pas inné. La direction d'une entreprise, le management d'une équipe est un art qui évolue et s'enrichit sans cesse. Pour être un dirigeant performant, la connaissance d'un savoir-faire technique peut être nécessaire mais n'est absolument pas suffisante. Combien d'entre eux sont ingénieurs experts et peu ou pas préparés à l'exercice de ce métier ? La conduite des projets et des Hommes est une activité à part entière avec des compétences spécifiques. Le dirigeant honnête intellectuellement, capable d'humilité et de remise en cause a une longueur d'avance. Dans un monde en pleine transformation, l'observation des faits, la détection des signaux faibles, la gestion de l'incertitude, les capacités à s'entourer, à écouter mais aussi à décider sont des facteurs de réussite.

Enfin le coach se différencie du consultant : il ne délivre pas de méthodes de travail et ne donne pas ses solutions. Il s'appuie sur un cadre de référence et de modalités d'accompagnement.

Il permet ainsi à son client de libérer son potentiel et de construire lui-même son approche, sa méthode ses solutions et décider par lui-même. La pratique du coaching, comme celle du conseil s'apprend et ne s'improvise pas : deux dimensions d'action, différentes et complémentaires.

Le choix du consultant retenu par le client, et réciproquement, relève de l'intime conviction. Il s'agit d'une mutuelle et libre cooptation. Un lien fort se construit pour obtenir une pleine efficacité. Ce lien renvoie à la confiance qui est la clé essentielle, autant pour optimiser l'efficacité de la relation dirigeant/consultant, que pour réussir en management. Les dirigeants et managers humanistes savent utiliser la force de la confiance pour mobiliser leurs équipes vers un objectif commun et partagé. La condition ? Rester lucides. Ils libèrent ainsi les capacités d'initiative de leurs collaborateurs et les incitent à innover. Car nous savons que la gestion centralisée, pyramidale et hiérarchique montre ses limites dans un monde interdépendant. La délégation et l'autonomisation sont donc de plus en plus nécessaires.

A noter : La valeur des règles du jeu entre le dirigeant et le consultant, la nécessité d'aller sur le terrain pour construire des liens relationnels solides avec les équipes, l'exemplarité pour inspirer le respect. Dire ce que l'on fait et faire ce que l'on dit, bien sûr.
Le consultant peut jouer un rôle essentiel si le dirigeant sait l'utiliser au bon moment. J'ai eu la chance d'accompagner le développement de nombreuses entreprises. Je crois avoir apporté plus de valeur ajoutée à celles pour lesquelles mes actions se sont inscrites dans la durée, et avec qui je travaillais en totale confiance.

C'est parce que je partage mes convictions avec Benoît Falque et Gérard Vaël que j'ai tenu à préfacer leur ouvrage. Je les côtois chacun depuis de nombreuses années, je les ai vu travailler et j'ai travaillé avec eux chez des clients communs sur certaines missions. J'ai toujours apprécié chez eux leur passion du métier de consultant, leur engagement au service de leurs clients, leur honnêteté intellectuelle et le respect des autres qui les animent. Ces deux fortes personnalités ne sont pas lisses et encore moins courtisanes. Ils savent dire avec élégance ce qu'ils pensent, ce qu'ils ressentent avec volonté et conviction forte. Ils vous invitent, vous, dirigeant, manager, élu, militaire, à prendre rendez-vous avec vous-même, à vous introspecter...

Ce livre a pour vocation de vous permettre, en tant que dirigeant, de vous offrir de nouvelles pistes pour optimiser votre management sur la base des spécificités de votre organisation et de votre personnalité. Bon voyage en leur compagnie !

François Humblot

Prologue
DE L'INTERACTION DES MÉTIERS DE DIRIGEANT ET DE CONSULTANT

Votre métier de dirigeant : faire agir pour réussir. « Mettons-nous d'accord... ou pas ». De notre point de vue, le dirigeant engage et s'engage. Il a le sens de la mission et des résultats. Idéalement, il transforme l'organisation. Il fédère sur la vision avec une approche orientée vers la satisfaction des parties prenantes. « Jardinier des talents », il mobilise les acteurs, révèle les intelligences, libère et transcende les personnes. Une véritable gageure qui conjugue les exigences du quotidien avec une prise de hauteur et de recul qui passe par des rendez-vous avec lui-même. Ces moments d'introspection sont nécessaires. Ils nourrissent la pensée constructive, apportent clairvoyance et détermination. Progresser profondément sur ces fondamentaux affine le leadership. Il s'oblige par là même à réduire les écarts entre sa pensée, sa parole et ses actes et privilégier l'assertivité.

Notre métier de consultant : Rencontrer, questionner pour faire réfléchir et accompagner pour faire progresser « Mettons-nous d'accord...ou pas ». De notre point de vue, un consultant dédié aux dirigeants se doit d'être expert du métier de dirigeant. Il n'est pas en position de diriger lui-même, et c'est mieux ainsi. Nous fondons notre légitimité sur une subtile alchimie faite d'expériences intimes et de retours comparatifs de missions d'accompagnement pour progresser avec nos clients. Nous nous efforçons de développer des approches structurantes et cohérentes entre elles. Nous puisons notre libre arbitre dans l'absence de subordination vis à vis du dirigeant. Pas de substitution ni de décision à sa place.

Notre éthique fonde notre discernement. Nous veillons à tempérer nos egos avec lucidité et humilité (ni gourou, ni star, ni psy).

Nous croyons au management humaniste profitable à tous les acteurs. Dans les situations les plus difficiles, nous mobilisons l'énergie positive et gardons à l'esprit que le pire n'est jamais certain.

Raison pour laquelle nous sommes engagés et tenaces. Nous revendiquons notre bienveillance sans complaisance.

Si le consultant et le dirigeant forment ainsi un binôme efficace sur une durée donnée, il est intéressant pour le dit dirigeant de bénéficier des retours d'expérience des consultants. Occasion de réfléchir et d'adapter de bonnes pratiques en conséquence. Un point à forte valeur ajoutée pour le développement des organisations publiques comme privées. Diriger, manager coacher sont les fondamentaux du dirigeant quelle que soit la taille de son organisation. Une vision métier donc. Plus l'organisation est petite, moins on le fait spontanément ou par obligation, alors qu'il s'agit d'une pratique absolument fondamentale. Dans votre expérience, par exemple, une situation de conflit a-t-elle perduré malgré l'activation de toutes les options mises en œuvre ?

Chapitre I
RISQUES ET LIMITES DU LEADERSHIP

La clé pour faire avancer les projets et les personnes est au cœur du leadership. Être à la hauteur des enjeux, ne pas échouer... Telle est bien la fonction d'utilité des dirigeants. Ils s'inscrivent ici dans le cadre d'une mission. N'est-ce pas d'ailleurs la condition ou la raison d'être du dirigeant que de remplir une mission ? Probablement. La difficulté ? Le flou qui entoure souvent cette question. Entre absence de formalisation, non-dits, implicite hypertrophié et écarts d'appréciations, différence de référentiels ou de culture... Il y a de quoi s'y perdre.

Le leadership est ancré dans les qualités développées individuellement, au-delà de notre nature profonde. Nos qualités ne sont-elles pas, dans ce contexte, nos propres zones de risque et d'échec ? Très ou trop ? Pas assez ou plus ? Si le leadership repose sur des qualités dominantes, leurs excès de style sont de nature à être contre-productif pour les projets, la qualité relationnelle et les résultats annoncés. Un enjeu de taille. Pour le dirigeant, installé dans sa zone de confort, ses principales « qualités ressources » sont le lieu de tous les dangers, de tous les excès. Si l'on ajoute l'injonction « sois parfait », la quête devient inaccessible, source de frustrations et de déconvenues. Alors comment réguler tout cela ? C'est le sens du travail que nous vous proposons.

Mais auparavant, rappelons que le contexte des pays riches est la performance, que le sujet est permanent, et qu'il épuise. Alors permettez-nous de dire ici que la performance telle que nous l'envisageons est une chance pour les organisations, car elle propose de réussir sans s'user trop, ou prématurément. C'est donc le contraire ! Nous y reviendrons. Disons simplement que dans ce cadre, mission et risque d'échec sont intimement liés et que le lien est bien celui du passage de l'égocentrisme à l'altérocentrage complémentaire. (Expression utilisée par Jean Louis Lascoux pour positionner l'attitude « questionnante » du Médiateur à partir de l'autre). Si réussir, c'est « co-opérer », il convient de remplir sa coupe en permanence pour qu'elle puisse déborder et apporter aux autres.

Faire coïncider intérêt pour soi et intérêt pour l'autre, veiller à remplir sa coupe pour grandir et qu'elle déborde pour faire grandir les autres.

Voilà ce que nous vous proposons maintenant, en lisant cet ouvrage, pour vous, rien que pour vous. Le temps ne se gère pas mais se prend comme chacun sait. Vous y êtes. Alors commençons par le commencement.

1. Nos excès de style :

Débutons ce travail d'introspection par une auto-évaluation à réaliser. Majoritairement, les personnalités des dirigeants et managers sont affirmées et les caractères plutôt bien trempés. Et les risques sont là, dans nos excès de style. Toute qualité trop mobilisée devient un défaut ; Point de morale ni de jugement de valeur, mais un simple constat en terme de baisse d'efficacité (engagement et résultat).
Quelques exemples :
- De la qualité à l'excès de style dont l'impact se mesure par rapport à soi, par rapport aux autres et par rapport au résultat.
- De l'autonomie à l'isolement.
- De la personnalité à la prégnance.
- Du sens du pouvoir à la domination, à la contrainte.

- De l'autorité au dirigisme, à l'autocratie.
- De l'exigence à l'insatisfaction.
- Du « sois parfait » à la pression,
  à la frustration.
- De l'esprit critique, constructif au discrédit
  et la déqualification.
- De la rigueur à la rigidité, pénible pour les
  autres.
- De la rapidité à l'activisme, au stress, à
  l'indisponibilité.
- Du respect des prérogatives au
  cloisonnement, au pré-carré.
- Du talent d'orateur à celui qui s'écoute parler.
- De l'influence à la manipulation.
- Du charisme à la vanité.
- De la maîtrise à l'ingérence (au marquage
  à la culotte).
- Du contrôle à la défiance (flicage).

A partir des qualités dominantes et des risques d'excès de style, il nous appartient, dans une situation donnée, de prendre conscience et d'autoréguler nos excès (régler le curseur).
Par exemple, faire preuve de trop d'autorité dans un débat, en être conscient et s'ajuster.

Objectifs : optimiser nos qualités ressources et développer l'efficacité.

2. S'ajuster pour réguler

Qualité mobilisée ⟶ Qualité trop mobilisée

L'excès de style

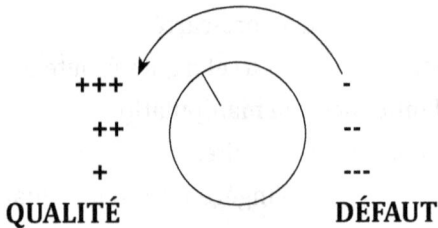

```
+++                          -
 ++                         --
  +                        ---
QUALITÉ                  DÉFAUT
```

Dès que nous passons en « excès de style », il s'agit de réguler l'intensité de mobilisation de la qualité concernée, au risque d'entraîner une baisse d'efficacité et une insatisfaction. Nos zones de risque concernent nos qualités dominantes, celles que nous mobilisons le plus souvent et le plus facilement. (référence :

Etude sur « les points de confort » Evelyne Dentz Consultante)

Exemple : « Rapide »
Cette qualité nous permet d'analyser rapidement une situation, de réfléchir vite, de nous déterminer avec célérité et d'agir promptement. Si nous passons du rapide, voir du très rapide au trop rapide, nous rentrons en zone de risque et notre qualité devient défaut :
Superficiel, bâclé, précipité, risque d'erreur, source d'incompréhension, de frustration, de stress...

L'efficacité baisse significativement. Le résultat s'en trouvera généralement affecté, tout comme le relationnel, le sentiment des autres et sa propre satisfaction. Il est utile d'en apprécier l'impact sur trois plans : Le résultat bien sûr, les autres dans leur ressenti, soi-même dans sa propre perception.
Autre exemple avec la rigueur : Trop de rigueur impacte le résultat par rapport au juste niveau d'arbitrage et au degré de finesse entre urgence et importance. Les autres sont

sous pression. Pour soi-même, frustration et insatisfaction.

Recommandation : Dans la liste des qualités, nous vous invitons à souligner vos dominantes. Vous identifiez ainsi vos risques d'excès de style.

Deux cas concrets pour illustrer ce « travail sur soi » de régulation des excès de style : Le premier cas s'inscrit dans le cadre d'un coaching d'accompagnement individuel d'un DAF, membre d'une équipe de direction au sein d'une grosse PMI de 500 personnes. Ce dirigeant identifie parmi ses qualités dominantes, l'exigence et le contrôle. Si ces qualités sont indispensables dans son domaine d'expertise, il est néanmoins conscient de les mobiliser régulièrement avec trop d'intensité. Nous lui proposons d'identifier une situation récente avec excès de style : Accueil et intégration d'une collaboratrice en mobilité interne susceptible de remplacer son assistante dont le congé maladie se prolonge. Cette personne semblait avoir les qualités et les compétences requises pour ce poste qui l'intéressait. Elle a renoncé après deux semaines.

On voit bien ici le préjudice pour la personne dont la charge de travail s'accumule, avec des sentiments de déception, frustration, d'injustice, et pour le manager qui reste seul, sans assistance. Dans un premier temps, il s'agit pour lui d'identifier les facteurs clés et les attitudes qu'il a pu avoir au cours de la quinzaine. Ensuite, pour réaliser un travail concret sur lui-même, de revivre cette situation et de réguler les excès de style identifiés : fort niveau de critique, faible confiance accordée à priori, peu d'autonomie, interventionnisme, rétif à l'initiative, plus de pression que d'encouragement et de soutien... Cette évolution d'ordre relationnel est nécessaire, mais pas suffisante. Cet exemple montre la difficulté de fonctionner ensemble sans référentiel négocié (Knowledge management). Un « origami des compétences© » complète utilement le coaching avec une définition des rôles et des missions pour chaque métier (Cf Chapitre IV). Une évidente nécessité qui aurait permis au manager et à son assistante de se mettre d'accord avant.

Le second exemple s'inscrit dans le cadre d'un team building, ce qui, comme vous le savez, n'a rien à voir avec l'incentive (activités sportives ou ludiques menées pour tenter de fédérer une équipe). Il s'agit ici de l'accompagnement collectif d'une équipe de direction composée de quatre dirigeants managers au sein d'une filiale d'une société de service qui intervient dans le backoffice du secteur bancaire (60 collaborateurs). Ce CODIR (comité de Direction) s'apparente davantage à un aréopage d'experts qu'à une équipe qui dirige ensemble. Le DG (Directeur Général) en est conscient, il le déplore et souhaite progresser et faire progresser.

Pour développer la connivence et les liens entre les membres, une séquence est proposée sur la « reconnaissance mutuelle ». Chacun des membres de l'équipe identifie (à partir d'une liste fournie) les qualités majeures qu'il reconnaît à chacun de ses pairs. Il surligne également ses propres qualités. Le débriefing permet à chacun d'être reconnu : « qu'est-ce qu'ils apprécient chez moi ? quelles qualités soulignent–ils ? » Il est également important d'apprécier la concordance des réponses. Est-ce que les qualités que l'on vous reconnaît correspondent à celles que vous avez identifiées ?

A partir de cette séquence, on associe les trois plans qui participent de l'engagement : Le plan « cérébral », constats, enjeux, priorités... le plan « sensible », exister dans le regard des autres, se sentir apprécié, aimé, soutenu, valorisé... et le plan de « l'énergie » avec plan d'action et mesures décidées. Si un seul de ces trois plans manque, le résultat sera décevant, éphémère et partiel.
Nous vous proposons une seconde lecture des qualités ressources pour apprécier des qualités peu ou insuffisamment mobilisées. Ce sont autant d'axes de progrès identifiés. (liste Excès de style)

3. Repères et introspection

L'essentiel :
- Nos atouts majeurs sont nos qualités dominantes identifiées.
- Nos défauts, risques et limites sont de même nature que nos qualités dominantes lorsqu'elles sont mobilisées avec trop d'intensité.
- Cette prise de conscience permet de réguler nos excès.
- Une fois identifiées, nos qualités ressources insuffisamment mobilisées sont à potentialiser.

Se positionner... nos questions :
- Votre mission est-elle claire et formelle ?
- Comment structurez-vous les missions et les activités dans votre organisation ?
- Quelles sont les principales conditions de succès ?
- Quels sont les risques et facteurs d'échec identifiés ?
- Quel niveau de partage avez-vous avec l'autorité à laquelle vous reportez ?
- Actionnaires, Conseil d'administration, institutions, électeurs...) ?
- Qui évalue quoi, sur quels critères, indicateurs et modalités ?

Notes personnelles :

....

....

....

....

....

....

....

....

....

....

....

....

....

....

Vos questions :

....

....

....

....

....

....

....

....

....

....

....

....

....

....

....

....

Sujets à traiter :

....

....

....

....

....

....

....

« Ce n'est pas parce que les choses sont difficiles
qu'on ne les fait pas, mais parce qu'on ne les fait pas
qu'elles sont difficiles »
Senèque

Chapitre II
INTROSPECTION SUR TROIS DIMENSIONS : DIRIGER, MANAGER, COACHER

Nous vivons et sommes témoins à vos côtés de la complexité et de la richesse du métier de dirigeant qui gagne à libérer l'organisation (*"L'entreprise libérée", démarche portée par Isaac Getz*) ses énergies et ses talents. Cela dépend avant tout de sa volonté et de sa capacité à se réinventer et incarner le « dirigeant libérateur ». Pour faire face aux situations multiples et de natures très différentes auxquelles vous êtes confrontés, nous avons structuré les pratiques métiers en trois modes : Diriger, manager, coacher. Ils sont complémentaires et couvrent l'ensemble de la palette métier. Le responsable va les mobiliser à bon escient, de manière adaptée à chaque contexte. Il passe de l'un à l'autre en toute fluidité, avec son intelligence de situation. Ce triptyque permet d'alterner avec pertinence le mode « D » Diriger, avec le mode « M » Manager et le mode « C » coacher. Chaque mode nécessite un positionnement et une communication ad hoc.

Un triptyque qui constitue selon nous le retable laïc, le cadre de référence du dirigeant. Un métier en trois dimensions donc, que nous symbolisons par une hélice à trois pales. Une hélice « marine » qui propulse les personnes et l'organisation.

Avec le mode « diriger », le responsable se situe « au cœur » de l'organisation. Il incarne la vision de loin, l'approche d'ensemble qu'il élabore et co-construit avec son premier cercle. Il s'agit de déduire, prendre du recul, projeter, réinventer, s'assurer de la faisabilité et rechercher la clarté et la cohérence. Le mode « manager » suppose pour lui de travailler « avec » son premier cercle, ses collaborateurs directs. Il incarne la vision de près. Il est garant de l'opérationnel par l'organisation, la délégation et les conditions de l'engagement. Nous nous inspirons ici de la maïeutique de Socrate en initiant le « management éclosif et libéré ». Quant au mode « coacher » il est le jardinier des talents. Il est positionné « à côté » de son collaborateur. Il est tuteur. Il se doit de maîtriser les techniques du coaching pour faire émerger l'intelligence de l'autre sans donner ses propres solutions.

En pratique, prenons le cas d'un entretien avec un collaborateur et détaillons les étapes et les modes possibles (DMC) que le responsable peut adopter. Première étape, la préparation. Il s'agit là d'introduire le sujet, les enjeux et les objectifs ainsi que les données concrètes à réunir. Les alternatives du manager : Préparer lui-même(D), faire préparer(M) ou co-construire(C). Le pire et le plus courant consiste d'ailleurs à s'abstenir de toute préparation. L'urgent prime alors sur l'important. Mais déroulons les phases de l'entretien pour y voir plus clair. Libérer la parole, faire s'exprimer et approfondir les apports et contributions du collaborateur relève du mode Coacher. « Pourquoi sommes-nous là ? »

Ensuite, le responsable peut lui-même enrichir, amender, structurer, organiser, synthétiser, ce qui relève du mode Manager. L'idéal serait de le faire faire par le collaborateur lui-même, ce qui relève là aussi du mode Coacher. S'ensuit le temps de choisir, valider, conclure. Il relève du mode Diriger. Et puis suivre la mise en œuvre, qui relève du mode Manager. Enfin évaluer le résultat qui relève du mode Diriger. Là encore on note l'intérêt en amont de « Faire évaluer » le résultat par le collaborateur (ce qui relève ici du mode Coacher). N'hésitez pas à relire trois fois ce paragraphe que nous savons un poil abscons !

Les trois dimensions sont à mobiliser : Le Dirigeant « 3 en 1 » rappelle les enjeux, les engagements et les responsabilités. Le Coach ouvre le dialogue, pose des questions qui font réfléchir, prendre conscience et progresser le collaborateur. Il l'invite à proposer un plan d'action pour mettre un terme à une démarche vouée à l'échec ou hasardeuse, risquée, trop longue, trop chère... Il le sollicite pour dégager les pistes et solutions pour clore un incident, sortir d'un conflit. Ici, le recours au Médiateur peut prolonger utilement le travail du Coach. Le rôle du Médiateur consiste à permettre aux acteurs de trouver par eux-mêmes les clefs pour solutionner le conflit. La disposition d'esprit et le positionnement sont des prérequis. En revanche, si les techniques de communication ne sont pas connues et maîtrisées, l'objectif managérial n'est pas atteint. Cf. Pratiques du coaching et techniques de médiation.

Le Manager valide le plan d'action préconisé et alloue les moyens requis. Il est garant du suivi et du reporting. Pour faire réussir, il peut informer, conseiller et former à bon escient. Le Dirigeant fixe les limites, reconnaît, encourage et recadre si nécessaire. Le Coach permet au collaborateur de s'auto-évaluer, d'apprécier le résultat, de mesurer les écarts avec ses objectifs et d'en tirer les conséquences pour ajuster. Le Dirigeant contrôle les décisions prises et sanctionne (satisfecit et critiques constructives) (Cf. Reconnaissance & remarques positives).

Et bien sûr, l'envie d'entreprendre, de faire réussir, de reconnaître sincèrement, de valoriser et de fêter les succès. Le dirigeant qui incarne cette reconnaissance sincère invite à la progression et ouvre l'interlocuteur. L'intelligence de l'autre et son envie d'agir peuvent alors jaillir. Au fond, une forme d'amour de l'autre. Disposition libératrice. Management libérateur.

Bref, l'agilité s'acquiert pour passer d'un mode à l'autre, en temps réel. Cette approche fonde un talent majeur pour le dirigeant. Un gage d'efficacité par la coopération. Tout concourt à créer de l'engagement dans la durée plutôt que de faire exécuter ponctuellement. Un investissement qui crée des comportements alliant capacité d'agir et envie d'agir. Les bases de la culture du résultat par un management humaniste, libérateur et responsabilisant.

Repères et introspection

L'essentiel :
Votre métier en trois dimensions :
Une hélice qui propulse
- Diriger
- Manager
- Coacher

Nos questions :
- Quel est le mode le plus adapté à chaque moment de la situation vécue? D, M, ou C ?
- Sur quel mode êtes-vous en position de confort, D, M ou C ?
- Etes-vous comme la quasi-totalité de nos clients, déficitaire sur le C ?
- Que vous dites-vous à ce stade ?

Notes personnelles :

....

....

....

....

....

....

....

....

....

....

....

....

....

....

....

Vos questions :

....

....

....

....

....

....

....

....

....

Sujets à traiter :

....

....

....

....

....

....

....

....

....

....

....

....

....

....

....

....

....

....

1. Diriger à partir de la vision

Que recouvre la dimension « diriger » ?

C'est d'abord réfléchir. Les dirigeants que nous rencontrons sont bien souvent seuls : Responsabilité financière, pénale et sociale notamment. Évidemment, ils sont entourés. Mais ce qui leur incombe repose malgré tout sur leur arbitrage. Comment éclairer ces décisions, explorer les options, avec qui ?

Les collaborateurs et notamment ceux du premier cercle ont un rôle à jouer bien évidemment, mais qui peut flirter avec la complaisance ou le syndrome de « la cour du Roi ». Peurs en tout genre et chômage de masse obligent. On observe aussi les dégâts de la jalousie et de l'arrivisme (Le monde politique est à cet égard révélateur). D'autres appuis sont possibles : amis, famille et quelques personnes de confiance. Mais Jules Claretie prévient : « *tout homme qui dirige, qui fait quelque chose, a contre lui ceux qui voudraient faire la même chose, ceux qui font précisément le contraire et surtout la grande armée des gens, d'autant plus sévères, qu'ils ne font rien du tout* ». Triste tableau ? Peut-être sur le plan humain. Métier de chien ? Peut-être aussi. Sûrement moins vrai d'ailleurs dans le monde anglo-saxon qui valorise plus spontanément l'initiative et récompense plus facilement le succès qu'il suscite. La bonne nouvelle ? C'est la question métier, car il y a bien des facettes enthousiasmantes et positives, pour peu que le dirigeant soit prêt.

Si nous avons vu que la solitude du dirigeant, souvent « seul à table », porte l'organisation sur ses épaules, il n'en reste pas moins vrai qu'il est happé par l'urgence. Alors comment faire dans ce quotidien qui semble imposer de « faire entrer les grands sacs dans les petits » ? Se centrer sur son essentiel est certainement un bout de la réponse. D'une manière ou d'une autre, il a besoin d'y consacrer une part de son agenda et de savoir quitter quelques actions à plus faible valeur ajoutée. Qui d'autre que lui peut prendre le recul nécessaire, mettre en cohérence vision et action, s'engager sur le projet collectif ? Bref, prendre le temps de la réussite. D'où la difficulté : Des rendez-vous, oui... avec soi-même ? Réfléchir seul ? Pas si simple quand on veut sortir de l'habitude, de la préférence spontanée, des réflexes quotidiens pour s'extirper du traditionnel « Constat – Solutions ».

Changement de paradigme donc : « Problématique – Résolution ? » Là, le raisonnement se complexifie. Passer du problème à la problématique, de la solution réflexe aux champs des possibles. Nous voilà au cœur du métier. Introduire le pluriel, le doute, mais structurer la pensée et mettre en équation.

Les dirigeants que nous accompagnons viennent souvent avec une question à régler rapidement. Mais secrètement, ils savent que la question est plus profonde, et qu'elle risque de nécessiter remise en cause et exploration (cf chapitre V). Certains s'y essaient, pour d'autres, c'est trop tôt. Quelques-uns se mentent à eux-mêmes. Mais au bout du bout, il faut agir, et pour un dirigeant, agir c'est d'abord se poser les bonnes questions. C'est ce qui conditionne et nourrit légitimité et crédibilité. Être exemplaire est une exigence permanente qui passe par la recherche du moindre écart possible entre ce que l'on pense, ce que l'on exprime et ce que l'on fait dans la durée.

Vaste programme ! Effort, courage et éthique. La clé de cette partition c'est l'alignement avec soi-même et ses propres valeurs, sur les trois plans : penser, exprimer et agir. Être à l'écoute, sensible. Laisser parler l'inspiration et l'intuition, prendre le temps du dialogue, de l'échange, du débat contradictoire, avec recul. Laisser infuser les informations.

Inspirer, initier, provoquer, aiguillonner, surprendre... Le dirigeant est sans cesse en mouvement et en éveil. D'où la nécessité de consulter, animer le débat contradictoire, confronter les idées et les positions (notamment au sein du CODIR). Chef d'un orchestre de jazz où l'on se met d'accord sur le choix du morceau, la grille commune, mais dans lequel on laisse de la place à l'improvisation et de l'espace aux initiatives. Les individus se challengent et s'amusent : au service du groupe et inversement. Emulation, inspiration et plaisir partagés. 1+1=3 c'est l'équation de l'émulation qui traduit la richesse et la valeur ajoutée du groupe supérieures à la somme des individualités. « Passer de la pensée et de l'intelligence individuelle à la pensée et l'intelligence collective».

Le temps se prend plus qu'il ne se gère. Avec une connexion en moyenne toute les 6 minutes à nos « doudous numériques » (plus de 150 fois par jour), nous sommes addicts à l'information en permanence. Plus conséquent encore, le risque de pensée unique, de simplisme réducteur, le matraquage anxiogène. Nous oscillons entre hypersensibilité et indifférence. Le sensationnel cache souvent le sens, l'essentiel. Les signaux forts dissimulent les signaux faibles subtils et précieux. Charge à nous, citoyens responsables de développer notre esprit critique et notre discernement. Pas si facile à faire...

L'exigence est bien dans la pause, le silence, le retour en soi, le lâcher prise. Respirer, prendre de la distance par rapport à notre actualité, pour mieux y revenir et mieux l'appréhender. Trier les informations, mobiliser son esprit, apprécier antithèses et alternatives. Les analyser sereinement et se forger ensuite son opinion, sa pensée propre. Savoir prendre, non pas des temps «morts» mais des temps de vie.

Ensuite, gouverner. Question de mot ? Etonnant en effet de retrouver à la mode ce mot du moyen âge... bien actuel pourtant. Car la gouvernance et les règles du jeu sont bien évidemment à la charge du décisionnaire. Hors contraintes réglementaires, législatives ou syndicales bien sûr. Rappelons que le monde bouge par à-coups, et non de manière linéaire. La « crise » et la croissance comme mouvement de balancier : ouverture et échange entre les personnes et replis politiques pour se prémunir des effets induits. Bref, « le tic-tac des peuples ». Sauf que la croissance est un phénomène récent puisque jusqu'à la révolution industrielle, elle n'a été en moyenne que de 0,1% dans l'histoire de l'humanité ! Dit autrement, les enfants vivaient grosso modo comme leurs parents, avec une lente évolution malgré tout. Dans les mêmes conditions à peu de chose près en tout cas. Les grands changements du XIXème siècle avec l'énergie hydraulique et l'extraction minière ont amené leurs lots d'inventions fondamentales : l'électricité, les ondes, le moteur à explosion entre autres. Puis la recherche appliquée : l'approche de la santé avec la découverte des antibiotiques notamment, les nanotechnologies qui ont bouleversé nos habitudes.

Nos exigences aussi. Et les inégalités se sont creusées. Certains comprenant mieux ou plus vite l'intérêt de la chose industrielle et économique, sous couvert du progrès dans certains cas. Le monde s'accélère et avec lui la perte de repères, les incompréhensions entre générations. Le sentiment de ne plus comprendre ses enfants qui manipulent des objets nouveaux, réfléchissent et s'adaptent autrement. Génération X des 30 glorieuses qui a investi le travail, génération Y qui partage son temps selon la règle des trois tiers : perso, amis, boulot. La génération Z avec ses extensions numériques au bout des doigts, hyper-indépendante, en évitement de l'autorité managériale. Des personnes plus agiles que leurs aînés dans un monde en crise. Mais ça ne veut rien dire pour elles... qui n'ont connu que ça ! Et l'Uberisation du monde est née : Renforcement de la chaîne de valeur, libéralisation du travail, crise des corps intermédiaires comme les syndicats, crise du droit du travail et des vieux modèles économiques. Avec pour conséquence des clients ravis et les anciens acteurs en colère. S'agit-il d'une évolution irréversible ? Probablement, car le client content, c'est chacun d'entre nous !

On voit bien dans ces conditions que la gouvernance est soumise à rude épreuve et redevient un sujet majeur dans cette accélération des changements, parfois brutaux :

- Troisième grande Révolution Industrielle en cours (digitale - intelligence artificielle - bioéthique - transhumanisme).
- Fulgurance et accélération généralisée (tout va très vite).
- Difficulté à suivre (sentiment d'être dépassé et fragilisé).

On ne peut pas agir sur le résultat lui-même mais veiller à la pertinence des objectifs et travailler sur les facteurs de résultats en tant que tels. Car nous obtenons les résultats de ce que nous mettons en place. Un dirigeant qui ne prend pas le temps de la vision, qui se sent indisponible pour la mise en place des facteurs de réussite n'assume pas son rôle. La gouvernance est donc son sujet. Partager la vision et les enjeux avec son premier cercle et co-construire la mise en œuvre. Une orchestration fine, qui mobilise et associe l'intelligence. Une manière de créer les conditions du succès, et de sa pérennisation. Comment rester en vie face aux menaces et aux risques ? Quel diagnostic partagé ? Quel objectif commun ?

Quels sous-objectifs intermédiaires ? Quelle problématique de fond, essentielle, mais pas nécessairement urgente ? Quels plans d'urgences ? Quels rôles et quelles missions pour les personnes ? Dans quel cadre de travail ? Comment susciter l'adhésion ? Qu'en pensent les salariés ? Comment en tenir compte et comment agir ? Et la continuité de service ? La bonne fin et les garanties ? Autant de sujets de fond qu'il convient de prendre le temps de traiter. Sommes-nous bien en phase ?

Et puis décider, sur la base des éclairages : Quelle genèse pour élaborer la meilleure décision ? Existe-t-il un processus de prise de décision formalisé ? Y a-il un référentiel ? Quels sont les bénéfices/risques inhérents à la prise de décision ? Quels sont ceux inhérents à la non décision ? Quelles sont les conditions de succès pour mettre en œuvre une décision prise ?

Les risques d'excès de style

Quels sont les risques d'excès de style de la fonction « Diriger » ?

Qualités parfois trop mobilisées, à identifier et à réguler :
- Du soutien à la prégnance
- De l'autorité à la domination
- De la fierté à la vanité
- De l'individualité à l'individualisme
- De l'indépendance à l'autocratie, à l'isolement
- De l'égocentrisme au despotisme, à la tyrannie
Nous constatons qu'une majorité de dirigeants et managers ont des difficultés à refuser, à dire non, à dire stop, par rapport à une situation mal engagée et vouée à l'échec. Un passage à l'acte qui relève du courage. Quelle est notre propension au « oui » ou au « non » ? Quels en sont les conséquences, avantages et inconvénients pour les autres et pour nous ? Nous constatons également que la propension majoritaire va vers le « oui » qui paraît plus facile, car plus acceptable. A la Réunion, un dicton l'illustre bien : « Le oui fait point bataille ».

Mais la satisfaction engendrée n'est alors qu'apparente et précaire. Si l'objectif est d'être tranquille, il ne sera pas durable. Comment retrouver la faculté de dire non à bon escient en maîtrisant les techniques du refus ? Une question qui conditionne le déterminisme. Il en va de la liberté et de la maîtrise des choix.

Quelques pistes :

Analyser, identifier les freins au « non » : pensées et sentiments, émotions associées. Qu'est ce qui nous gêne dans l'attitude de refus ? Peurs de contrarier, craintes des complications, de ressentiments, culpabilité, égoïsme, faiblesse... En apprécier la justification. Quel fondement ? En apprécier la portée : Quelles conséquences ? Avantages et inconvénients pour les autres et pour nous. Mise en perspective par rapport à l'objectif, l'état de succès visé. Le dialogue avec l'interlocuteur est utile à l'analyse. Écoute active, questionnement ouvert et reformulation. L'échange prépare notre interlocuteur à la prise de décision et permet de mieux expliciter et faire partager les motifs en cas de refus.

Prendre sa décision. Ne pas hésiter à surseoir pour éviter de réagir dans la précipitation, source d'erreur. Compléter les informations, concerter et recueillir d'autres avis, savoir trancher, ne pas tergiverser, s'en tenir à la décision prise et assumée. Expliquer et montrer les raisons et les avantages. Rappeler les priorités. Éviter une fin de non-recevoir nette et définitive en laissant le dialogue ouvert sur l'avenir. Faciliter l'acceptation par une attitude d'empathie.

Savoir refuser. Il est nécessaire d'intervenir rapidement pour éviter qu'une situation ne se dégrade, que des relations ne s'enveniment. Se positionner à la source demande une disponibilité de la part du responsable et une sensibilité aux signes précurseurs et annonciateurs de difficultés. (Baisse d'efficacité, de motivation, d'implication, frustrations, isolement, repli sur soi, mauvaise humeur, tension relationnelle, agressivité, dégradation du climat...). L'important n'est pas seulement d'être suivi, mais d'être compris.

A chaque fois que l'on se voit dans l'obligation de répéter une directive, une contrainte, cela signifie probablement que l'intéressé n'a pas adhéré.

Repères et introspection

L'essentiel :
- Première dimension : Diriger
- Prendre le temps de la réflexion
- Gouverner en co-construction
- Négocier
- Décider
- Se rendre disponible pour l'essentiel
- Savoir dire non

Nos questions :
- Quels risques d'excès de style avez-vous identifié dans votre mode « diriger » ?
- Quelles compétences souhaitez-vous enrichir sur le mode « diriger » ?
- Après réflexion, quelle est votre propension au « oui » et au « non » ?
- Quelles sont les points de vigilance et les attitudes à bonifier ?

Notes personnelles :

....

....

....

....
....
....
....
....
....
....
....
....
....
....
....

Vos questions :

....
....
....
....
....
....
....

....

....

....

....

....

....

....

....

....

Sujets à traiter :

....

....

....

....

....

....

....

....

....

....

2. Manager les Hommes et les situations

Que recouvre la seconde dimension
« manager » ?

« Avec » son premier cercle, ses collaborateurs directs, le manager incarne la vision de
près. Il est garant de l'opérationnel et du relationnel. Il partage la vision et le dessein de
l'entreprise, faire connaître et comprendre.
Il obtient l'adhésion, fédère sur le projet,
mobilise les personnes et les intelligences.

Être garant de la performance collective. Il gère
l'organisation du travail, répartit les rôles et les
missions, passe du faire au « faire faire » par la
délégation. Expert du management et non de
l'expertise de ses collaborateurs. Il intègre les
nouveaux talents via le recrutement, processus critiques de l'organisation. Il institue dans
la mission, intègre dans l'équipe, est garant de
la formation et du tutorat. Ses ressources : des
collaborateurs plutôt que des employés, des
contributeurs libres d'esprit et d'initiative plutôt que de simples exécutants. Son sujet : Comment faire du groupe, une équipe ».

Être garant de la performance individuelle, c'est d'abord être garant de l'engagement des personnes. Insuffler et stimuler l'envie d'agir. Animer, suivre, évaluer les résultats et encourager. C'est aussi remobiliser, savoir dire « bien », « bravo », savoir dire « merci. » Et puis reconnaître bien sûr, valoriser et soutenir. Recadrer si nécessaire. Au fond, développer la capacité à agir, libérer les énergies et favoriser l'initiative. Mais quelles sont les attitudes requises pour partager la vision et le dessein de l'entreprise ? Qualité de la communication, sincérité, authenticité pour garantir l'intention et simplicité pour être entendu. Décrypter les faits signifiants, choisir « les mots pour le dire » comme véhicules de la pensée, de l'émotion. Mettre en place les conditions de l'échange pour mobiliser les personnes et récolter l'intelligence partagée. Développer « le goût de l'autre », cultiver l'empathie et pratiquer l'altérocentrage.

Se rendre disponible et s'assurer de la disponibilité. S'intéresser sincèrement. Se distancier de ses préjugés et rester libre et ouvert à la nouveauté.

Pour être garant de la performance, il convient de bâtir la confiance. Elle s'acquiert et se construit lentement et peut se perdre instantanément. C'est tout le paradoxe qui en fait une véritable exigence et un enjeu permanent. Elle se donne au départ et se vit dans un cadre de respect constant. Cette fiabilité mutuelle implique suivi et ajustements en temps réel. Une instantanéité essentielle. « On n'attend pas des lustres » pour dire, se remettre d'accord et s'ajuster si nécessaire. La confiance commence par se donner. C'est un acte libérateur et responsabilisant. Il fonde l'engagement. Développer l'aptitude à la coopération par le plaisir partagé et la fiabilité. Incarner la parole. Respecter les délais, les livrables. Se concerter. Partager le succès, se soutenir dans l'échec ou la difficulté. Laisser le droit à l'erreur. S'en saisir pour apprendre et progresser. La plupart du temps, il en hérite ou se voit dans l'obligation d'accepter des ressources opportunes ou contraintes. Cela dit, dans de nombreux cas, il est amené à recruter et certains prérequis sont indispensables pour réussir un recrutement.

Les risques d'excès de style

Quels sont les risques d'excès de style inhérents à de la dimension Manager ?

Les risques sont réels :
- Être faussement participatif et en réalité manipulateur
- Retenir l'information ou la diluer dans l'émotion
- S'égarer, perdre le fil, sortir du sujet
- Faire soi-même, se substituer
- Centraliser, être omniprésent, intrusif.
- Contribuer à la pression et au stress par son attitude. Super-expert, hypercritique, psychorigide, indisponible, inconstant.
- Manquer de reconnaissance : propension à la critique négative et difficulté à remarquer ce qui est remarquable et le dire.

Qualités partfois trop mobilisées à identifier et réguler :

- De participatif à permissif (les mimites de l'entreprise libérée : tout le monde, tout le temps, sur tous les sujets).
- De la coordination au centralisme.
- De la présence à l'omniprésence intrusive.
- De l'implication et de l'engagement à la pression et au stress
- De l'occupation à la préoccupation.
- De l'urgence à l'indisponibilité.
- De la cadence à la bousculade.
- De « prendre le temps » à être pris par le temps.

« Choisissez un travail que vous aimez et vous n'aurez
pas à travailler un seul jour de votre vie ».
Confucius

Recruter : De l'art et de la manière
Pratique du recrutement,
acte de management par excellence

Au préalable à une décision de recrutement il appartient au dirigeant de détecter, faire détecter, donner sa chance à ceux qui font preuve de talent, de potenciel et d'envie.

François Humblot, qui préface ce livre, nous éclaire ici à partir de son expérience : Il est fréquent pour un dirigeant de « devoir faire avec » son équipe. La plupart du temps, il en hérite ou se voit dans l'obligation d'accepter des ressources opportunes ou contraintes. Cela dit, dans de nombreux cas, il est amené à recruter et certains prérequis sont indispensables pour réussir un recrutement.

En tout état de cause, son métier suppose pour lui de créer du lien, de bonifier, de repositionner et de savoir se séparer des éléments contre productifs ou nocifs. Quelle opportunité pour un dirigeant que de recruter: un acte qui conditionne sa propre réussite. La pertinence des ressources choisies fonde la cohésion du groupe.

Précisons : le recrutement est un acte majeur qui paraît simple de prime abord mais qui s'avère en réalité complexe et subtil.
C'est un processus en quatre étapes dont le respect et la stricte exécution conditionnent le succès.
- Revisiter la demande avec une analyse systémique des besoins réels,
- Attirer des talents avec élégance, précision et simplicité dans les rédactionnels,
- Évaluer les candidats déclarés, et sélectionner avec des critères objectifs et honnêteté dans le respect de la diversité.
- Intégrer la personne retenue et suivre son évolution.

Pour mener à bien la première étape, « analyse et définition du besoin », il y a plusieurs questions préalables à se poser :
- Pourquoi recruter ?
- Dans quel contexte ce recrutement se fait-il

et dans quelle organisation le poste doit-il s'intégrer ?

- Quels sont les enjeux du poste à pourvoir ?
- Quelles sont les principales missions du titulaire du poste ?
- Quelles sont les compétences nécessaires pour mener à bien ces missions ? (savoirs/savoir-faire/savoir-être/savoir devenir)... c'est la réponse à cette question qui permet d'identifier le type de formation et le type d'expérience nécessaires pour avoir le profil requis, ainsi que le niveau du poste et la fourchette de rémunération à envisager.
- Quel est l'environnement humain du poste ? (Managers, pairs)
- Au-delà de la plaquette de présentation, quelles sont les valeurs vivantes dans l'entreprise ?
- Quels sont les facteurs d'attractivité du poste et de l'entreprise qui permettent d'attirer les meilleurs candidats ?
- Quelle assistance choisir pour mener à bien ce recrutement ?
- Service de recrutement interne à l'entreprise ?
- Cabinet conseil en recrutement ?

Pour faire le bon choix des moyens de recherche à mettre en œuvre pour trouver les meilleurs candidats, il est utile d'avoir une connaissance fine du marché de l'emploi correspondant au profil recherché. Contrairement à ce que l'on voit écrit partout, il n'y a pas « un » marché de l'emploi mais autant que de métiers. Pour certains d'entre eux (communication, gestion des ressources humaines, finance/gestion...), il y a une abondance de candidats et pour d'autres, pénurie (développement informatique, fiscalité, actuariat...).

L'abondance des outils de recherche est à la fois une opportunité et une difficulté, car le choix des outils pertinents est plus difficile que par le passé :
- Les grands jobboards généralistes (Cadremploi, Apec, RégionsJob, Monster ...) ont quasiment remplacé les annonces des journaux (Figaro, Express, Le Monde...), mais ces derniers restent utiles lorsque l'entreprise a des recrutements récurrents à effectuer et veut développer la notoriété et le trafic de son propre site internet ;

- Les jobboards spécialisés sont de plus en plus nombreux et peuvent être pertinents pour certains marchés de niche (Village de la justice pour les juristes par exemple) ;
- Les moteurs de recherche d'emploi (Keljob par exemple) sont utiles pour dynamiser les annonces du propre site internet d'entreprise ;
- Les « cvthèques » (Cadremploi, Apec ...) ainsi que les associations d'anciens élèves d'écoles, sont des réservoirs de candidats disponibles ou en recherche de mobilité ;
- Les réseaux sociaux (Linkedin, Viadéo, Xing...) sont complexes d'utilisation mais s'avèrent utiles pour certains profils ;
- L'approche directe des candidats potentiels reste indispensable pour les profils rares, mais elle est confiée à des professionnels extérieurs à l'entreprise pour ne pas être accusé de débauchage.

Le choix de la stratégie de recherche et de moyens adaptés par rapport au poste à pourvoir permet au recruteur d'avoir plusieurs candidats présentant à priori les savoir-faire

requis pour le poste à pourvoir. Une fois cette deuxième étape franchie, commence celle de l'évaluation des candidats avec un triple enjeu :
- Vérifier la réalité des savoir-faire déclarés par le candidat,
- Evaluer les savoir-être du candidat en rapport avec les exigences du poste, le contexte dans lequel il se situe et la culture de l'entreprise,
- Apprécier la réalité de la motivation du candidat, le savoir devenir, au-delà de son discours à l'entretien. Entre un « clone » du précédent titulaire du poste moyennement motivé et un « challenger » qui n'a pas cent pour cent des compétences mais qui est très motivé, le meilleur choix est souvent celui du second.

Mener à bien cette étape demande du métier et requiert un appui en externe et une assistance RH en interne. Quelques recommandations pour limiter les risques de mauvais choix :
- Lorsque le recruteur a beaucoup de candidatures pertinentes sur CV il peut utiliser des

outils comme Seeqle (CV multimédias) ou EasyRecrue (entretiens vidéos différés) pour limiter le nombre d'entretiens à mener ;
- Réaliser plusieurs entretiens : l'idéal est que les candidats soient reçus simultanément ou successivement par le responsable hiérarchique et un professionnel du recrutement (membre de la direction des ressources humaines de l'entreprise ou consultant extérieur). Attention néanmoins à ne pas trop multiplier les entretiens : au-delà de quatre le risque est important de voir se désister les meilleurs candidats, découragés par la longueur du processus de sélection ;
- Utiliser un outil d'évaluation (ou test de personnalité). Ces outils sont maintenant très nombreux et très faciles d'utilisation pour le candidat mais une formation est nécessaire pour le recruteur pour les utiliser de manière optimale. On peut citer OPQ, AssessFirst, WAVE, PerformanSe, parmi beaucoup d'autres. Le candidat passe ces tests en ligne (de dix minutes à une demi-heure) et les résultats sont accessibles

immédiatement pour le recruteur. Une restitution au candidat (obligatoire si celui-ci le souhaite) peut être faite très facilement. Ces outils ont tous leurs limites mais ils complètent, approfondissent et valident les impressions d'entretien.
- Vérifier les références des candidats (voire les diplômes) ; les CV ne sont pas toujours sincères et les contrôles ne sont pas superflus.

La quatrième et dernière étape est la plus délicate. Une fois le meilleur candidat choisi, il faut lui signer sa lettre d'embauche et prendre soin de l'intégrer dans l'entreprise. Les conditions de succès sont de :
- Faire une proposition acceptable par le candidat en tenant compte de sa situation par rapport au marché ; c'est une négociation et il faut trouver le « juste prix ».
- Aller vite, la rapidité permettant de limiter le risque de l'offre concurrente que le candidat va nécessairement essayer d'obtenir ;
- Garder le contact avec le candidat jusqu'à son entrée en fonction, lorsqu'il a un

préavis à effectuer, car il y a toujours un léger risque de défection pendant cette période sensible ;

- Accueillir au mieux le candidat lors de son entrée en fonction. Cela paraît banal mais il est fréquent qu'un parcours d'intégration n'ait pas été prévu ou pire que certains détails logistiques n'aient pas été anticipés. C'est très désagréable à vivre et démotivant pour le nouvel embauché.

- Suivre de très près l'intégration du nouveau collaborateur en lui consacrant le temps nécessaire et en organisant des points réguliers avec un dialogue sincère jusqu'à la fin de la période d'essai. C'est le meilleur moyen d'anticiper des difficultés potentielles ou de redresser certaines situations avant qu'elles ne deviennent critiques.

Le recrutement est un équilibre subtil et fragile entre appétence, compétence et personnalité ad hoc. C'est donc une combinaison dynamique qu'il convient de réussir, comme l'assemblage d'un bon vin, plutôt qu'une

étude statique, à partir du « Job description ». Le recrutement est pour l'essentiel un
art dans l'exécution. La qualité relationnelle
et le bon sens priment. Ce qui passe par :

- De la rigueur pour bien suivre les différentes étapes du processus, garantes d'un
recrutement réussi,
- De l'écoute, de la disponibilité, du sens
critique et de l'empathie, pour donner le
meilleur de soi-même lors des entretiens,
tant pour comprendre et évaluer le candidat
que pour lui donner envie de rejoindre
l'entreprise,
- De la vigilance, pour ne pas s'emballer en
privilégiant par exemple la sympathie pour
un candidat par rapport à sa compétence,
- Du rythme, pour maîtriser les délais et ne
pas perdre en route les meilleurs candidats.

Un mauvais casting peut avoir des
conséquences désastreuses avec des effets
de nuisance qui représentent un coût
conséquent. Au final il faut avoir l'intime
conviction d'avoir fait le bon choix et mieux
vaut renoncer si l'on a un doute. Le coût d'un

échec, pour l'entreprise (et le candidat) est infiniment plus élevé que celui de reprendre à zéro le processus d'embauche.

En revanche, lorsqu'un candidat ou un collaborateur de valeur s'en va, l'analyse critique s'impose avec une réelle remise en question pour éviter de réitérer l'échec.

Pratique de la délégation

Nous voici au cœur de la dimension opérationnelle. Nous l'appelons « management éclosif » pour faire réfléchir le collaborateur, lui donner la main, lui laisser de l'espace. Lui permettre d'être force de proposition et d'initiative. Accompagner le collaborateur, « l'accoucher », le révéler, le réveiller... Au fond, un retour aux sources de la maïeutique Socratienne, avec « l'art et la manière » ... Vingt-cinq siècles en amont !

« Faire faire » semble aller de soi. Ce qui est loin d'être le cas. Pour preuve, les demandes réitérées d'informations censées être connues, les refus fréquents d'engagement, les revendications de moyens nouveaux pour faire de nouvelles tâches, ou les demandes d'augmentation parce que l'on sort de la description figée de la fiche de poste. Les expressions certes caricaturales mais réalistes sont bien connues : « refiler la patate chaude », «jeter le bébé avec l'eau du bain », « demerden sie-sich » ! Elles ne traduisent pas la mauvaise volonté du manager, ni du collaborateur, mais l'impuissance à coopérer : agir dans l'urgence, réagir dans la précipitation, manquer de recul, ne pas se rendre disponible. Penser que chacun « n'a qu'à faire son job », sait ce qu'il a à faire, peut se débrouiller seul, doit assumer, et qu'il est payé pour ça. Mais les résultats sont rarement au rendez-vous. Et s' ils le sont, c'est bien souvent dans l'exploit, au forceps, dans l'usure et l'insatisfaction.

Exemple de fausse délégation : La patate chaude. Un collaborateur est interpellé par son manager. « François, je devais recevoir le délégué du personnel demain à onze heure sur notre dossier en cours. Je suis mobilisé en urgence avec qui tu sais. Je ne peux pas refuser. Je te laisse donc traiter, tu as carte blanche. Je suis à ta disposition d'ici demain si tu as besoin. Je te fais confiance. Tiens-moi au courant. » Dans cette situation d'imprévu, il était pourtant nécessaire de prendre le temps et de se poser avec le collaborateur. Partager avec lui la problématique, les enjeux, les risques, les marges de manœuvre. Lui proposer de répondre à ses questions, de se caler et de s'ajuster avant l'échéance. Être respectueux, même dans un temps court. « La patate chaude » outre l'impréparation ou le défaut de communication cache souvent un manque d'envie, d'intérêt ou une gène.

Autre exemple de fausse délégation avec une injonction générique. Un collaborateur est là aussi, interpellé par son manager : « Laurence, nous avons besoin d'infos sur la sécurité du site, faites-nous un topo là-dessus si vous voulez bien. C'est urgent. » Si la collaboratrice accepte en l'état, elle a toute les chances de se fourvoyer, fournir un travail inadapté. Son rapport risque d'être trop général, « tarte à la crème », voir hors sujet. A trop faible valeur ajoutée. Si elle est critiquée, elle se sentira injustement mise en cause, et elle en sera affectée. Sa responsabilité ? Avoir accepté cette injonction floue et non cadrée. Elle aurait pu ici « manager son manager » en l'interpellant pour construire avec lui le cahier des charges. Mais là encore, l'initiative revient au manager. Il convient de prendre du temps pour le collaborateur, avec de la considération. Un investissement incontournable qui conditionne la réussite de la délégation.

Nouveau cas, avec un dirigeant de filiale qui demande à son directeur financier un état de la trésorerie pour le siège. Écarts « prévus et réalisés » sur le chiffre d'affaire, présentation en analytique des marges prévisionnelles et de la rentabilité des contrats. Le DAF est dans cette situation un « exécutant de luxe » et non un manager respecté. De son initiative, il peut demander les tenants et les aboutissants des attentes du siège et de son directeur. Mais s'il obtempère sans ouvrir le dialogue, il est alors dans l'exécution avec des risques de non-conformité de résultat et

d'engagement limité, à faible contribution.
Situation peu valorisante et frustrante qui
démobilise.

Ces trois exemples illustrent que la
responsabilité et le processus de délégation
incombent d'abord au dirigeant. Mais pas
seulement. Le collaborateur « en attente »,
statique, passif, observateur ne joue pas sa
partie. Sa proactivité s'impose évidemment.
Défaut de concertation, d'adhésion et de
mode opératoire traduisent au fond, un
manque de cap.

Vous vous sentez très occupé, vous l'êtes
réellement, avec le sentiment d'activisme,
de dispersion. Vous ressentez le besoin de
dégager du temps et de vous rendre plus
disponible pour « l'essentiel », en tout cas de
sortir de la pression.

Commencez par identifier toutes les activités qui ne devraient plus être chez
vous ; en tout cas ne plus vous mobiliser sur le plan opérationnel (le faire

soi-même), mais sur le plan managérial (initier, suivre et contrôler). C'est apprécier où sont vos domaines de valeurs ajoutées. Sur quoi êtes-vous le plus utile, le plus pertinent ? Ce qui vous passionne, vous inspire le plus. C'est répondre à la question autant existentielle qu'opérationnelle : Que recouvre « mon essentiel » ?

Soyez conscient de la difficulté du « lâcher prise ». Lucide sur le besoin de tenir les rênes. Honnête sur la propension à vouloir mettre votre empreinte. Ce besoin de maîtriser est d'autant plus fort que vous êtes souvent experts, ingénieurs, scientifiques, hyperactifs dans l'exigence et la maîtrise. Si à l'origine, vous étiez créateur d'entreprise, ou à l'initiative d'un projet politique par exemple, vous vous êtes forgé un positionnement « d'homme-orchestre. »

Êtes-vous prêt à dépasser vos peurs, partager le contrôle, le pouvoir, quitter l'ascendant, la prégnance... Etes-vous prêt à changer votre posture, faire évoluer vos pratiques, et votre métier ? Comme nous l'avons souligné en préambule de cet ouvrage, et contrairement à ce que l'on pense souvent, il n'appartient pas au dirigeant d'être un sachant « super expert ». Bien au contraire. Ça peut être un frein, voire un blocage. Diriger est un métier à part entière, loin de l'expertise technique. Pour nous, et c'est fondamental, l'expertise du dirigeant, c'est seulement diriger, manager, coacher, dans toute sa richesse, sa portée, et son exigence. Ce qui suppose évidemment des prérequis, la culture et le vocabulaire du cœur de métier.

Pouvoir déléguer, c'est être prêt à partager, à transmettre. Un acte qui fait grandir et libère. La délégation génère de l'engagement, de l'initiative, de la productivité et de l'autonomie. Après avoir investi du temps, de la considération et de la confiance envers le collaborateur, elle vous apporte en retour renforcement des liens, qualité relationnelle et esprit de coopération et vous dégage du temps.

En lui donnant un espace, en responsabilisant le collaborateur, en sollicitant son intelligence, vous prenez le risque d'être agréablement surpris. Par la délégation, vous créez un comportement, vous faites progresser et progressez-vous même.

Quels objets de délégation ? Première source : Ce que vous faites vous-même et que vous pouvez déléguer. Seconde source : Les nouveaux thèmes de travail et les problématiques qui se présentent. Troisième source : Les pistes initiées par vos collaborateurs. La délégation nourrit l'esprit d'initiative. Le bon dosage d'implication préalable du responsable consiste à procéder à une première analyse flash du sujet. Quel intérêt ? Quelle portée ? Quels enjeux ? Cela donne le niveau d'importance et permet d'apprécier le niveau d'urgence.

Le casting : Quel collaborateur pressentir ? Posez-vous immédiatement la question. C'est cette attitude réflexe que nous vous proposons d'adopter. Qui est le mieux placé pour intervenir ? Attention: si vous ne le faites pas, vous risquez de vous accaparer le sujet avec vos propres mains et vos propres neurones. Vous aurez beaucoup plus de difficultés à le partager ensuite. Le fait d'associer le collaborateur le plus en amont possible est un facteur d'implication. Participer à la genèse d'un projet facilite bien évidemment l'appropriation.

Le meilleur casting : S'agit-il de choisir le collaborateur qui dit toujours oui, toujours d'accord pour participer ? (dont on charge volontiers la barque), celui qui est le plus disponible ?... Pas forcément pertinent. Celui qui est toujours d'accord avec vous ? Pas sûr non plus, même si c'est confortable. L'expert ? Pourquoi pas. Mais sa seule expertise n'est peut-être pas suffisante, et vous pourrez toujours y recourir le moment venu. Le choix d'un junior ? Pas naturel. Souvent écarté par manque d'expérience. Mais justement, le retenir, c'est lui donner l'occasion de progresser. Il est disponible pour apprendre et se responsabiliser. Il a, en principe, envie et besoin d'exister, de se sentir utile. L'apport du « candide » avec un œil neuf permet d'innover. Ça exige du temps mais c'est un investissement qui en vaut la peine.

Selon l'objet, le contexte, l'urgence, le risque, deux modes de « faire-faire » sont couramment pratiqués : Faire exécuter une tâche... champ des procédures : Vous faites suivre une procédure, il réalise, vous contrôlez. Confier une mission... Champ des processus. De quoi s'agit – il ? Vous expliquez ce qui est à faire, vous répondez aux éventuelles questions, vous donnez le cadre, vous allouez les moyens, vous suivez et contrôlez les résultats. Une troisième voie s'ouvre à vous : Déléguer ... L'art du management. Vous pratiquez alors le management éclosif et libérateur ? Vous incarnez le jardinier des talents.
Cela vous inspire... allons y.

Passer du « faire » au « faire-faire » implique de tenir le cap : connaître, adhérer et pouvoir. Une démarche personnelle, davantage dans l'acquis que dans l'inné. Une mise en œuvre qui commence par celui qui délègue, autour de l'objet délégué et qui implique le collaborateur : la personne pressentie.

Comment fixer le cap ? Avec trois séquences à respecter. D'abord connaître le but recherché et l'objectif, bien évidemment. Ce qu'il faut savoir pour aborder le sujet. C'est l'échange d'informations et d'expériences utiles entre le manager et son collaborateur. Comprendre ce qui fonde l'action. Co-construire l'état de succès visé. Qualifier et quantifier ce qui permettra de dire que l'on a réussi. Indicateurs de mesure du succès, échéances.

Puis le dialogue et la co-construction nourrissent l'adhésion. C'est la deuxième séquence. Passer du « je » au « nous » dans l'échange. Le collaborateur traduit dans le dialogue sa compréhension, son intérêt et sa volonté d'apporter sa contribution. Si tel n'est pas le cas, le casting n'est pas le bon, ou le dialogue sur la première séquence n'est pas abouti. Comment le lui dire ? L'art du verbe, de la délicatesse et de l'élégance sont les atouts précieux pour s'exprimer simplement. Par exemple : « en vous écoutant, je me rends compte que le sujet est très technique, et que, vous confier cette mission vous mettra en difficulté, en porte à faux, ce que je ne veux pas. » Dans ces conditions, qui est le mieux placé ? Question à partager avec d'autres managers pour valider le casting.

Et enfin pouvoir agir. Dernière séquence nécessaire. Comment procéder ? Faire proposer par le collaborateur un mode opératoire, une méthodologie ? Quels sont les moyens à mettre en œuvre ? Matériels et logistiques (internes ou sous traités). Quelles échéances ? Quel timing ? Faire évaluer le temps et faire planifier avec des rétro-plannings ? Quel budget ? Quelle faisabilité ? Quel seuil de rentabilité ou retour sur investissement ? C'est au collaborateur de proposer. Le responsable ajuste et enrichi autant que de besoin avant de donner son « Go » pour déléguer la mise en œuvre.

C'est cette latitude donnée au collaborateur, cette marge de manœuvre qui constitue l'essence même de la délégation. Si le dirigeant ou le manager dit lui-même à son collaborateur comment faire, avec quels outils, quel budget et quel timing, nous ne sommes plus dans la délégation. Nous restons dans la tâche à exécuter ou dans la mission confiée.

Avant l'entretien de délégation, et pour se mettre en mode interactif, on questionne au préalable sur l'objet, le thème, on transmet des informations pour permettre au collaborateur d'y réfléchir. « Que pensez-vous de ? » plutôt que « Êtes-vous intéressés par ? » « De quelles informations disposons-nous ? » « Que nous manque-t-il ? » Registre du questionnement ouvert qui s'apprend. Spontanément, nous posons des questions fermées.

Déléguer en deux temps, pourquoi faire ?
L'usage le plus courant est la « pseudo délégation,» directe. On se met d'accord et on y va « directement ». Un exercice à risque qui gagne à être scindé en deux pour éviter les dérives liées à des différences

d'interprétation et de représentation. Au-delà de « quoi faire », on cherche surtout à valider « comment le faire » avant de donner un « Go » ? Ce qui permet d'arrêter plus tôt, un processus inadapté, trop coûteux ou voué à l'échec. En deux temps donc. Premier temps : Déléguer la préparation et uniquement la préparation. Elle recouvre le mode opératoire, les moyens, le budget requis et la planification. A ce stade, le collaborateur soumet l'étude, le projet qu'il a préparé. Il sait que son responsable peut l'ajuster, l'enrichir voire même le recadrer. Il est dans son rôle, la règle du jeu est définie. Validation de la pertinence et de la conformité (mode diriger) et de la faisabilité (mode manager) avec ajustement si nécessaire (mode coacher) (Cf Hélice du dirigeant). Si le dirigeant recadre, il n'y aura pas chez le collaborateur ce sentiment d'être disqualifié, dépossédé qu'il aurait ressenti s'il avait effectué le travail avec un résultat jugé non conforme.

Deuxième temps : Déléguer la réalisation. A ce stade, le feu passe au vert. Bon usage et dosage du suivi et du reporting. Du feedback programmé au feedback spontané. Contrôle intermédiaire, ajustement, évaluation, retours d'expériences et capitalisation.

Ce qui ne se confie ni ne se délègue :
- Le casting : Un choix souverain du manager, (avec des surprises possibles...) ;
- La validation de l'objectif retenu et du délai proposé
  Le suivi, la gestion des écarts ;
- Le reporting (proposé par le collaborateur) ;
- La validation de l'évaluation finale.

En pratique, prenons le cas d'un sujet de délégation : Joko, dirigeant, a reçu une proposition émanant d'un organisateur de manifestation. Ce dernier propose à l'entreprise de réserver un stand lors d'un nouvel évènement professionnel à la rentrée de septembre. Cette présence donne accès à une palette de supports de communication et à une conférence offerte. Nous vous invitons à suivre les étapes de délégation, en les illustrant des « questions ouvertes » adaptées.

Le casting : Qui est le mieux placé pour instruire ce dossier ? Le dirigeant opte pour Pierre, son responsable Marketing/ventes.

Premier temps : Analyse préalable

La communication préalable : *Pierre, je vous transmets le dossier Proexpo et leur proposition. Prenez en connaissance. Vous me direz ce que vous en pensez. Je vous propose d'y consacrer 20 à 30'. Mercredi à 11h30 à mon bureau. Merci de me confirmer ce RDV.*

Suivi de l'entretien de délégation pour fixer le cap. Co-construire par le dialogue et prendre connaissance de la réflexion préparatoire du collaborateur : But recherché / objectifs. Puis s'assurer de son adhésion.

« *Que pensez-vous du dossier Proexpo et de leur proposition ?* »

Le dialogue s'engage alors... Le dirigeant s'attache en premier temps à recueillir la position argumentée de son collaborateur et non à donner la sienne.

Cette participation s'inscrit-elle bien dans

notre plan de communication/ développement de l'année ? Quelles raisons avons-nous d'y participer ? Ou pas... Quels publics cibles ? Que pouvons-nous en attendre ?.... Quel ordre de grandeur de l'investissement ?... Comment en mesurer l'impact ?

Le débat peut utilement être contradictoire. Le dirigeant est dans son rôle de challenger son collaborateur sur l'enjeu et le rapport bénéfices/risques attendus. De cet échange résulte une pré-validation sur la pertinence et la faisabilité du projet. A partir de cette vision partagée, la décision est prise d'étudier ou non la participation à l'évènement. Si ce n'est pas le cas, Pierre déclinera la proposition. Dans l'hypothèse positive, l'adhésion et l'implication de Pierre sur le projet permettent de lui en déléguer la préparation.

Second temps : Déléguer la préparation

Pour mémoire, ce qui fonde la délégation, c'est la liberté, la latitude dont dispose le collaborateur pour s'organiser par lui-même pour réaliser le projet retenu et atteindre les objectifs fixés avec son responsable. Lorsque l'on délègue directement la réalisation on prend le risque d'un résultat non conforme. Quand on délègue en deux temps, on ne prend pas ce risque inutile. D'abord on délègue la préparation puis après validation, la réalisation.

La préparation recouvre, le mode opératoire, les moyens et le budget requis et la planification. La prégnance du dirigeant l'incite naturellement à la directivité :

Préférez à : *"Vous me préparez d'ici la fin de la semaine, un plan d'action détaillé avec le budget prévisionnel et le planning. Nous le soumettrons au prochain CODIR de lundi. Merci.* »

Des questions ouvertes du type :

« *De combien de temps avez-vous besoin pour étudier ce projet ?* », « *Quels éléments souhaitez-vous présenter au Codir ?* », « *Quelle durée vous paraît adaptée pour cette présentation ?* » ...

Le collaborateur réfléchit, se positionne

et s'engage personnellement. Au terme de sa présentation, le CODIR et son dirigeant valident la participation à l'évènement. L'échange suscité avec le CODIR permet d'enrichir le projet et d'apporter à Pierre des idées nouvelles, des pistes et éclairages complémentaires, des recommandations et des points de vigilance qui conditionnent le succès de l'opération. Le CODIR est impliqué et les managers sensibilisés pour apporter leur contributions à la phase suivante de mise en œuvre.

Troisième temps : déléguer la réalisation

Le "GO" est donné. Le dirigeant délègue à Pierre la mise en œuvre du plan d'action validé. Bon usage et dosage du suivi et du reporting. Là encore il est préférable de susciter l'engagement que d'imposer :
Préférer à : « *J'attends de vous un rapport mensuel détaillé avec une communication au CODIR sur l'état d'avancement du projet* », « *Vous y joindrez un reporting financier et je compte sur votre vigilance pour tenir le budget* »

Les formulations ouvertes et structurantes comme :

« *Avec quelle fréquence allez-vous revenir vers moi ? », « Quels indicateurs vous paraissent importants pour le suivi et la mesure du résultat ? », « Comment informer le CODIR de l'avancement et les mobiliser ?* »

Le collaborateur est force de proposition et s'implique directement. Le dirigeant conserve bien sûr son pouvoir d'enrichissement et de validation. Au-delà du respect du reporting formalisé et cadré dans le temps, le feedback spontané est à entretenir et à favoriser. Il représente un baromètre de la qualité relationnelle.

Quatrième temps :

Contrôle Final. Capitalisation / Rex (retour d'expérience) et à bon escient success story

Le sens de la démarche est identique comme lors des entretiens annuels : avant de donner son appréciation, le dirigeant sollicite celle de son collaborateur.

« *Quel bilan tirez-vous de notre participation à l'évènement ? », « Comment comptez-vous suivre et exploiter les contacts ?* »

« Quels sont nos axes de progrès pour une prochaine participation ? »

Le dirigeant apporte ensuite ses apprécia-tions, encouragements et critiques construc-tives. Il s'agit là de proposer au collaborateur de faire une « boucle synthèse » de l'entretien à formaliser, et de la transmettre. Une meil-leure option, plutôt que de faire soi-même. A noter : ce qui se dit s'écrit. Un gage de fiabili-té et de compréhension mutuelle.

Cette dernière étape d'évaluation constitue un temps privilégié pour la reconnaissance du collaborateur : identifier les axes de progrès, souligner les points positifs.
Ne pas hésiter à chaque occasion fondée, à féliciter et à remercier. Et, associer au succès les collaborateurs impliqués. Offrir des unités de tendresse.

« L'avenir m'intéresse.
C'est là que je compte passer mes prochaines années. »
Woody Allen

Les conditions du succès

Arrêtons-nous un instant.

On ne peut pas tout faire. C'est sûr. Ce qui implique de développer la confiance. Sans délégation, nous l'avons vu, on ne peut pas progresser et faire progresser. C'est donc vital pour les organisations de toute nature. Mais réussir la délégation suppose quelques prérequis. A ce stade, abordons les conditions du succès. Un domaine fait de compréhension de soi d'abord, de l'autre et des situations. L'idée de faire coïncider respect du collaborateur et respect du travail qui fondent la suite du propos.

Nous avons conscience de notre besoin de reconnaissance. La lire dans les yeux de l'autre nous conforte, nous encourage. C'est au fond cultiver « le goût de l'autre » et pratiquer l'empathie engageante, a contrario de l'empathie "gentille".

Dimension professionnelle par excellence plutôt que compassionnelle comme nous l'entendons trop souvent. Perspective :

s'extraire de la relation « dominant / dominé », « chef /exécutant » pour faire vivre une relation d'adulte à adulte. Le manager exerce ici une influence positive sur son collaborateur. Influence qui n'est pas désintéressée, au contraire. Le manager empathique s'engage et s'implique avec authenticité et détermination. Il se centre sur son collaborateur (altérocentrage), se rend disponible, s'intéresse sincèrement, se distancie de ses préjugés et reste libre et ouvert à la nouveauté. Il pratique l'écoute active et s'assure que le collaborateur réunit les conditions de l'engagement (capacité et envie d'agir). Le collaborateur s'engage pour sa part à apporter sa contribution. Cela dit, s'engager c'est aussi pour lui assumer des risques, affirmer sa singularité, contribuer au leadership et permettre d'être apprécié et suivi. Cultiver l'exemplarité par l'excellence.

Les conditions de l'engagement :
L'envie d'agir

Pour chacun de nous, deux conditions principales sont en jeu pour nous engager : Notre envie d'agir et notre capacité à agir. L'envie d'agir recouvre le champ des motivations. La capacité à agir recouvre le champ des compétences. Connaître et comprendre chacun de nos collaborateurs directs pour l'influencer personnellement. Permettre à l'autre d'exister, de progresser, de se réaliser.

Créer et entretenir les conditions de son engagement au sein de l'organisation requiert un accompagnement de fond, et dans la durée. Commençons par l'envie d'agir. Elle ne se décrète pas. C'est illusoire de penser que nous pouvons « motiver » l'autre. Au mieux nous pouvons l'influencer en lui donnant des raisons de se mettre en mouvement. Nous avons tous vécu ce « poussé-tiré » et ses limites. Du vieil adage : « faire boire un âne qui n'a pas soif ». Faible résultat, frustration et débauche d'énergie.

Nous vous invitons donc à actionner quatre leviers majeurs pour éviter cela et mobiliser l'envie d'agir.

Les qualités ressources d'abord, les motifs primaires, la confiance et la reconnaissance.

Détaillons les ensembles.

Les qualités ressources sont nos caractéristiques personnelles, nos comportements observables qui participent de notre identité. Elles sont facilement identifiables par nous-mêmes et appréhendables par les autres. Nous les mobilisons spontanément. Nous sommes heureux de les utiliser. Elles représentent notre zone de confort. Elles constituent des leviers efficaces.

Registre observable :

Depuis la petite enfance, nous sommes confrontés et soumis à des jugements, des évaluations en terme « d'écarts à la norme, de non-conformités, d'insuffisances… » Entre critiques négatives et reproches. Comme si l'aboutissement d'une vie était d'incarner le désir d'un autre. Comme une comédie humaine sur le plan professionnel : « Tu seras médecin, tu feras de solides études, contrairement à moi qui n'ai pas eu cette chance ». « Tu reprendras l'entreprise après moi, tu verras » « avant de faire l'artiste, passe ton bac et apprend un vrai métier » ... Contraints d'être ce que nous ne sommes pas vraiment, de combler nos lacunes, de courir derrière un standard qui ne nous correspond pas. Mais nous pouvons utiliser le temps autrement. Comment faire ? Gérer les ressources, plutôt que les carences.

La question de notre représentation du monde détermine, à cet égard, la suite de l'histoire. A ce titre, notons que le pessimisme est d'humeur, alors que l'optimisme est de volonté. Partageons un florilège des qualités utiles au métier. Nous vous en proposons trente sur les deux cents que nous utilisons « in situ » en coaching et team building.

Identifiez les qualités ressources à mobiliser davantage. C'est à vous !

3 PLANS	3 DIMENSIONS		
	La personne	La relation	La réalisation
Plan éthique Valeurs	Authentique Honnête Intègre	Humain Bienveillant Respectueux	Sens des priorités Progressiste Inspiré
Plan de l'efficacité Critère	Intelligent Compétent Clairvoyant	Psychologue Communicatif Convaincant	Audacieux Entreprenant Pragmatique
Plan des attitudes Etat d'Esprit	Responsable Ambitieux Positif Enthousiaste	Empathique Reconnaissant Esprit d'équipe Fiable	Anticipateur Déterminé Organisé Vigilant

Proposition d'introspection pour la dimension manager : Extrait des qualités ad 'hoc. Objectif : se reconnaître sur trois dimensions et se mobiliser sur trois plans. Le tableau se lit, verticalement, horizontalement, ou croisé en matriciel. Nous portons en nous chacune de ces qualités, un peu, beaucoup, passionnément ?... !

Pour chaque collaborateur, il s'agit de mettre en place les conditions de son implication personnelle :

- Identifier, utiliser et valoriser ses qualités ressources
- Apprécier les ressources peu ou pas mobilisées
- Développer notre capacité à les reconnaître sur les 3 dimensions : Personne - Relation - Réalisation
- Faire connaître les talents à l'ensemble de l'équipe et souligner les complémentarités (Coopération)
- Faire progresser les personnes et réguler leurs excès de style (de la qualité au défaut)

« Les enfants ne sont pas des pots que l'on remplit mais des feux que l'on allume »
Socrate

« Deviens celui que tu es »
Nietzsche

« Lorsqu'on te souligne un défaut, cultive-le »
Jean Cocteau

De la motivation éphémère au motif primaire permanent.

Qu'est-ce qu'une motivation ? Moteur de comportement qui nous pousse à agir. Les besoins associés lorsqu'ils sont suffisamment satisfaits, la motivation s'estompe ou disparaît. La motivation est circonstanciée. Par exemple : Vous avez froid. Votre motivation est de vous réchauffer. Lorsque c'est fait, la motivation disparaît. Même chose pour le sommeil, l'appétit. Le motif primaire est, lui, un moteur de comportement qui nous pousse à agir sans satiété. En clair, quel que soit le niveau de satisfaction des besoins associés, le motif primaire perdure. Encore et encore. Nous vous en présentons trois, sur les dix que nous partageons tous. Pas de jugement bien sûr, seulement devoir en tenir compte.

Trois exemples donc :
Motif primaire « commodité/ingéniosité ». Le seul qui soit double... Loi du moindre effort et principe d'efficience. Obtenir un meilleur résultat, plus rapidement, plus facilement avec moins d'effort et au moindre coût. Archétype : du bricoleur du dimanche,

inventeur au concours Lépine, à l'ingénieur, logisticien, ergonome...

Motif primaire « appât du gain » : Principe de l'avantage acquis, de l'enrichissement repose sur l'avoir, la quête, le challenge. Adrénaline et goût du risque. Archétypes : de l'oncle Picsou à Crésus...

Motif primaire « esprit de service » : Aspiration à se sentir utile. Repose sur l'entraide, le don de soi, le soutien, la transmission, l'altruisme. Archétype : Assistance sociale, soignant, enseignant, coach, humanitaire...

Prendre en compte le motif primaire dominant d'une personne, c'est aller dans son sens et contribuer à sa réalisation.

Confiance : Quels sont ses principaux fondements ?
L'objectif commun et clair (Vision partagée), la relation progrès/progrès, la compétence par rapport aux enjeux, la cohérence, la possibilité du dialogue pour se recaler.

La confiance commence par se donner.

Reconnaissance :
Pour le responsable, lorsque ça va, c'est normal. Dans cet état d'esprit, le registre de la critique négative domine. Il « gomme » l'envie d'agir. La recherche d'un équilibre pertinent entre remarque positive et critique constructive suscite et entretient cette envie et crée de l'engagement.

Remarquer ce qui est remarquable. La remarque positive est fondée, personnelle, avec effet de surprise, pertinente, constructive et tournée vers l'avenir. A utiliser sans modération. Rien à voir avec la duperie de ceux qui pensent à vous flatter quand ils ont besoin de vous, ou envie de se faire aimer.

Les conditions de l'engagement :
La capacité à agir

Nous sommes sur le champ des compétences. Le manager valide son casting (choix du collaborateur) en fonction de compétences requises. Le profil requiert des compétences maîtrisées qui peuvent être complétées par des compétences accessibles ou perfectibles. Quatre dimensions (les 4S) : Le savoir, connaissances acquises et actualisées ; le savoir-faire, expériences maîtrisées et bonnes pratiques ; le savoir être comme qualité relationnelle ; et le savoir devenir, la capacité à évoluer, se projeter, s'engager et prendre des initiatives.

Réunir les conditions de l'engagement de notre collaborateur repose donc bien sur nos capacités à le connaître, le comprendre et à le reconnaître. Tenir compte des buts poursuivis, des centres d'intérêt, des niveaux de besoins, identifier les deux ou trois moteurs de comportements majeurs parmi les dix motifs primaires qui nous poussent en permanence à agir contrairement aux motivations qui sont circonstanciées.

Apprécier les qualités ressources dominantes et en tenir compte, réguler les risques
d'excès de style. Reconnaître sur trois plans :
la personne, la relation et la réalisation.
Prendre en compte les quatre niveaux de savoir pour valider le choix d'un collaborateur
dans la délégation : « Qui est le mieux placé
pour intervenir ? »

Les trois modes sont ici mobilisés : Diriger
pour féliciter, évaluer, recadrer ; Coacher
pour permettre au collaborateur de prendre
conscience, de réfléchir et mettre en
question; Manager pour faire agir et suivre
l'opérationnel. Montrer les avantages pour
les différents niveaux d'acteurs. Permettre
d'identifier les axes de progrès et susciter les
propositions d'amélioration. L'intéressement
prolonge l'intérêt et s'associe à la
performance pour éviter l'usure.

Repères et inspiration

L'essentiel :

Deuxième dimension : Manager
L'art du recrutement en quatre étapes
L'art de déléguer : Le plan opérationnel
- Co-construire et suivre le cap
- Déléguer en deux temps : Préparation -
  Réalisation
Réunir les conditions de l'engagement :
Le plan relationnel
- L'envie d'agir : Qualités ressources, motifs
  primaires, confiance, reconnaissance
- La capacité à agir : Compétences (4S),
  casting, fidélisation des talents

Nos questions :
- Quels risques d'excès de style avez-vous
  identifié dans votre mode « manager » ?
- Quelles compétences souhaitez-vous
  enrichir sur le mode « manager » ?
- Jusqu'à présent, quel type de faire faire
  pratiquiez-vous ?
    • faire exécuter une tâche,
      confier une mission,
    • ou déléguer en deux temps ?
- Que souhaitez-vous mettre en œuvre
  pour susciter l'engagement de vos
  collaborateurs ?

Notes personnelles :

....

....

....

....

....

....

....

....

....

....

....

....

....

....

....

....

....

....

Vos questions :

....

....

....

....

....

....

....

....

....

Sujets à traiter :

....

....

....

....

....

....

....

....

....

3. Coacher pour rentrer dans le management éclosif

Troisième dimension : « coacher », incarnée par le jardinier des talents.
Nous vous invitons à suivre la métaphore et à cultiver votre « jardin des talents ». Pour le jardinier, dans la nature, le succès dépend d'une conjonction de facteurs.

Dépasser les limites d'un management fondé davantage sur l'autorité hiérarchique, le « faire exécuter » et le contrôle. Mieux, s'orienter vers la mobilisation sur « le projet des acteurs » réunissant les conditions de la motivation individuelle et collective. Le sens de la démarche : Progresser et faire progresser pour « Grandir » et « Faire grandir » nos collaborateurs. A la fois détecteur et catalyseur, capable de passer du « ou » au « et » Par exemple : cueilleur et jardinier, chasseur et éleveur, champion et entraîneur, soliste et chef d'orchestre, partition et improvisation... fromage et dessert ! A la fois initiateur et bénéficiaire, le coach pratique et fait pratiquer, donne et reçoit, apprend et transmet. « J'apprends chaque jour, pour enseigner le lendemain » témoigne Emile Faguet, Encyclopédiste.

L'objectif pédagogique du coach est d'éveiller la capacité d'une personne à s'auto-percevoir et à se prendre en charge.

La portée du coaching appliquée au management est considérable. Pas de place pour l'improvisation. Pas de place non plus pour le recyclage et les apprentis sorciers. Mais symbiose entre attitude relationnelle adaptée et technique maîtrisée. Capacité à Libérer de l'Intelligence et des Compétences, Capacité à Libérer de l'Action et des Contributions. La « Clic Clac attitude ». (Désolé du moyen mnémotechnique, faible mais juste ! ...). Coacher est une disposition d'esprit : hic et nunc (ici et maintenant), vivre pleinement le moment présent et agir dans l'instant, sans oublier les deux autres présents : Le présent « mémoire » source et fondement et le présent « projection » dessein et volonté pour l'avenir (Cf. les pensées de

Saint Augustin). Un continuum de vie qui relie les temps entre eux. Avant, maintenant, après. Une perception du temps qui reste, cela dit, très occidentale. Notons par exemple que l'Asie en général et le Japon en particulier ont une appréciation plus circulaire, au sens de la révolution mathématique ou spatio-temporelle. Refaire à chaque fois, renaître et recommencer.

Ce processus éducatif "ou fondement du coaching" repose sur l'engagement de l'individu. Il a pour intérêt de développer durablement l'estime de soi, l'assurance, la capacité de prendre en compte et de traiter les difficultés rencontrées en réponse aux besoins et aspirations du coaché. C'est l'émergence des conditions du progrès par les prises de conscience, les mises en question, l'envie, la volonté et les moyens d'agir dans le sens de l'évolution souhaitée. Pragmatisme des faits, de l'intelligence de situation des actes, des comportements, des retours d'expérience, de la ténacité et du déterminisme vers l'état de succès visé.

Un processus du changement qui peut coïncider avec les stades modélisés dans les courbes du changement : Sidération & paralysie, déni & colère, recherche de retour à l'état perdu, marchandage avec soi-même & négociation, tristesse & résignation, lâcher prise & acceptation, nouveau projet & engagement, reconstruction & gain.

En pratique : Coacher et fixer le cap : connaître, adhérer et pouvoir agir.
- Votre rôle de coach : partir d'un sujet posé, faire analyser la situation actuelle, projeter la situation cible, l'état de succès visé et permettre au coaché de dresser lui-même un chemin pour l'atteindre. Et valider. Les étapes principales passent par donner à réfléchir sur le sens, les enjeux, les acteurs concernés, les finalités, l'important, l'urgent, le niveau de finesse, le partage de la vision.
- Comment passer de la compréhension à l'adhésion?
- Comment passer de l'adhésion à l'appropriation?

- Et puis structurer l'action : Comment s'y prendre?
- Qui intervient?
- Quels sont les rôles?
- Quels moyens?
- Qui décide?
- Qui contrôle?

Rappelons qu'avec le cap, vous touchez les trois plans qui déterminent l'engagement :
- Le plan mental qui mobilise l'intelligence sur le projet ;
- Le plan affectif : toucher le cœur, la sensibilité des personnes ;
- L'énergie : structurer l'envie en action.

Le coaching concerne davantage la façon de transmettre que la teneur même de ce qui est transmis. L'objectif ultime reste l'amélioration des performances du coaché. Ce concept est issu du sport, comme chacun sait. Timothy Galwey, pédagogue de Harvard, spécialiste de tennis, a travaillé sur "l'adversaire que chacun porte en soi". L'entraîneur doit parvenir à amener son élève à lever ou à contrôler les obstacles intérieurs qui l'empêchent d'atteindre son niveau optimum de performance. Le coaching vise l'amélioration immédiate des performances, le développement des aptitudes et attitudes, grâce à une intervention pédagogique non-directive.

Face au coaché, il est requis de définir en accord avec lui ce qu'il souhaite travailler.
Le coaching consiste à affiner la perception qu'a le coaché de la réalité, favoriser sa capacité de prise en charge. On est infiniment dans l'art et la manière et non plus dans la cause. On évite ainsi de chercher des coupables dont on ne sait plus quoi faire. Les limites : il existe des individus qui ne sont jamais là. Ils vous entendent sans vous écouter, c'est une question de présence au sens premier. Présence à soi-même, présence aux autres, présence à la situation.

Deux niveaux de perceptions : D'abord percevoir la réalité (attention, lucidité), pour savoir ce qui se passe autour de soi. Dimension exogène. Puis affiner sa conscience de soi (perception interne), pour mieux percevoir ce qui se passe en soi. Dimension endogène. Prenons notre parallèle avec le sport. Pour apprendre à jouer au tennis, l'entraîneur peut vous répéter cinquante fois de regarder la balle pour mieux la centrer.

Mais vous n'y parvenez pas. En revanche, lorsqu'il vous questionne sur son sens de rotation, liftée, coupée ou à plat, ou sur la hauteur de passage au-dessus du filet... Là vous posez votre regard autrement sur la même situation et la compréhension change. C'est une question de regard avec un angle différent. Ce regard génère une réponse différente. L'action en est modifiée. Ce changement de geste conditionne le résultat. Il s'agit bien d'une question de performance. On peut rappeler ici deux ouvrages de référence : la "Pratique de la non-directivité" avec Rogers et " Responsables, porteurs de sens et Coaching" de Vincent Leinhart ou pour approfondir l'analogie au sport : "Techniques d'entraînement du sport" de John Whitmore.

Exemple de questionnement :

Sur quel thème souhaitez-vous travailler ?

Comment décrire la situation actuelle ?

Le coach confronte ici son collaborateur au réel, libère la parole et purge.

Qu'avez-vous déjà entrepris ?

Quel effet avez-vous obtenu ?

Que serait la situation idéale ? (Description de la situation cible)

Quelle échéance vous fixez-vous ?

Comment synthétiser votre projet ?

Avec quels objectifs réalistes et atteignables ?

Quelles sont les capacités à mobiliser (que vous souhaitez acquérir ou perfectionner ?)

A quelle date souhaitez-vous aboutir ?

Quels moyens mettre en œuvre ?

Comment saurez-vous que vous aurez réussi ?

Quelles sont les prochaines étapes ?

Qui pouvez-vous associer, sous quelle forme ?

Repères et introspection

L'essentiel :

Troisième dimension : Coacher

Au lieu de faire vous même, ou de dire à votre collaborateur ce que vous souhaitez qu'il fasse, permettez lui d'être acteur en lui laissant de l'espace.

Challenger le collaborateur associe ici autonomisation et responsabilisation.

Pratique du coaching en sept étapes. Lui faire :

1. identifier le sujet
2. analyser la situation
3. se poser des questions
4. trouver ses propres réponses
5. proposer le plan d'action ad' hoc (validation du dirigeant)
6. réunir les conditions de mise en œuvre (allocation de moyens)
7. apprécier les résultats attendus

Nos questions :

- Où placez votre curseur entre conseil et coaching pour traduire votre positionnement actuel :

Conseil _____ ↓ _____ Coaching

Nos questions :

Pour progresser sur cette dimension coacher :

- Quels risques d'excès de style avez vous identifié ?
- Quelles compétences souhaitez vous enrichir ?
- Quelles attitudes souhaitez vous développer ?
- Quelles techniques souhaitez vous renforcer ?
- Quels points de vigilance ?

Notes personnelles :

....

....

....

....

....

....

....

....

....

Vos questions :

....

....

....

....

....

....

....

....

....

....

....

....

....

Sujets à traiter :

....

....

....

....

....

....

L'art du dialogue pour créer du lien

La proximité, physique et psychique. Une belle occasion de faire de ses collaborateurs des leaders d'opinion, des ambassadeurs, des porteurs de projets, des missionnaires.
Développer les storytellers, les success stories. Partager, faire savoir, associer, inclure, savoir faire un pas en arrière pour valoriser et mettre en avant la contribution des collaborateurs, leurs talents plutôt que votre propre génialité, le pire étant de récupérer à son seul profit et mérite le travail de ses équipes.

La qualité relationnelle pour réussir « le vivre ensemble » et donner envie. Par exemple : traiter « dans l'instant » les micro-frustrations et autres petits cailloux dans la chaussure. Leur traitement rapide évite christallisation, amplification et dégradation. C'est aussi l'occasion de mieux faire.

Cultiver le goût des autres
Etre à l'écoute et réceptif, se rendre disponible et accessible
S'intéresser sincèrement

Être chaleureux, attentif et attentionné, prodiguer des unités de tendresse

Sourire

Être joyeux

Manier l'humour

Être juste et honnête

Garder la bonne distance

Être assertif (exprimer simplement ce que l'on pense et ce que l'on ressent)

Faire honneur aux rôles des autres

Saluer les prises de décision et les positions courageuses

Savoir reconnaître ce qui progresse, dire ce qui est bien, réussi, remarquer ce qui est remarquable, dire ce qui ne va pas et critiquer constructivement.

Soutenir et encourager

Le leadership ne doit pas être perçu comme une menace mais comme un cadeau.

Si vous affirmez vos prérogatives, vos compétences avec directivité et prégnance vous représentez une menace.

Si vous mettez vos compétences au service de votre collaborateur avec respect et disponibilité, avec l'empathie engageante vous représentez un « cadeau »

Les risques d'excès de style

Quels sont les risques d'excès de style de la fonction coacher ?

Qualités parfois trop mobilisées, à identifier et à réguler :
- De distancié à indifférent
- De compréhensif à faible
- De la proximité à la familiarité
- De la relation d'aide au gourou (pas de divan dans l'entreprise)
- De l'empathie à l'assistanat
- Du soutien à la déresponsabilisation

« Un pessimiste voit la difficulté
dans chaque opportunité, un optimiste voit l'opportunité
dans chaque difficulté. »
Winston Churchill

CHAPITRE III

DE L'INTROSPECTION À L'ENVIE D'AGIR (partie dédiée au retour d'expérience)

Voici quelques exemples parmi nombre de situations vécues avec des dirigeants qui illustrent cette difficulté. Ils proviennent d'entreprises de type PME, Groupes Nationaux et Internationaux, Services déconcentrés de l'Etat, services publics.

De l'analyse de la situation et de la capacité à poser la problématique.

1. Quelles questions ?

A partir de l'expression initiale, il s'agit d'investiguer, au fond, la demande exprimée en première intention pour ne pas se tromper de sujet :

- « Je souhaite que vous appreniez à mes managers à manager. »

Question clé pour décrypter : *En quoi le*

dirigeant est-il partie prenante du sujet ?
- « Difficultés d'intégration de notre nouveau responsable au sein du CODIR : le courant passe mal. »
Question clé pour décrypter : *Comment pouvons-nous agir pour réussir cette intégration qui achoppe ?*
- *« Comment faire pour que nos services coopèrent davantage ? »*
Question clé pour décrypter : *Quel exemplarité est donnée aux salariés, avec quelle pratique transverse et dans quel esprit ?*
- *« Comment obtenir de nos managers, qu›ils portent*
et soutiennent mieux la ligne de la direction générale
et relaient les décisions prises ? » Question clé pour décrypter : *Comment impliquer les managers pour qu'ils tiennent leur rôle de relais ?*
- *« Deux tiers des collaborateurs émettent un avis défavorable sur leurs managers. Comment rétablir la confiance et recréer des liens de coopération ? »* Question clé

pour décrypter : *Comment permettre aux collaborateurs et aux managers d'identifier les sujets à traiter ?*

- « *Après toutes les difficultés traversées, comment retrouver la croissance et les profits ? L'actionnaire nous donne une dernière chance.* » Question clé pour décrypter : *Comment travailler les questions stratégiques en participatif pour refonder un projet d'entreprise mobilisateur ?*

- « *Nous venons de racheter notre concurrent. Comment détecter les personnes ressources ?* » Question clé pour décrypter : *Comment s'approprier une nouvelle culture d'entreprise ?*

- « *Dans cette fusion d'entreprise, comment éviter de perdre des talents ?* » Question clé pour décrypter : *Comment préparer la rencontre, ouvrir l'espace pour s'enrichir mutuellement ?*

- « *Comment prendre la main en entretien pour faire valoir un point de vue dans une réunion à fort enjeu ?* » Question clé pour décrypter : *Comment mettre sa singularité*

*au service du collectif et trouver l'art et
la manière de mobiliser sur des sujets
essentiels, qui sont occultés ?*

- « *Comment m'organiser dans mon travail,
vu qu'on me demande d'avancer au fil de
l'eau ?* » Question clé pour décrypter :
*Quelle place pour l'imprévu ? Quelle
dichotomie entre urgence et importance ?
Quelle anticipation ?*

- « *On refuse de parler de clients dans notre
secteur, car nous avons plutôt des usagers
ou des bénéficiaires. Mais on nous l'impose.
C'est la fin du service public !* » Question clé
pour décrypter : *A quoi servons nous ? Que
recouvre la notion de client ? Quels liens
avec la qualité et l'évaluation ?*

- « *On a une grève pour des tickets
restaurants. Mais c'est un prétexte.
Comment faire pour éviter la casse ? En
plus, les syndicats sont de mauvaise foi* »
Question clé pour décrypter : *Quels sont les
non-dits?*

- « *C'est quoi la gouvernance,
concrètement ?* » Question clé pour
décrypter : *Pour quoi faire ?*

- « *On nous en demande toujours plus,
au nom de la performance. Mais on va
s'user.* » Question clé pour décrypter : *Quel
positionnement sur l'échiquier ? Qui est le
mieux placé pour atteindre l'objectif ?*
- « *On va perdre nos compétences car ceux
qui savent faire sur le terrain vont bientôt
partir à la retraite. On va pas y arriver.*»
Question clé pour décrypter : *Quelle
capitalisation et quelle transmission des
connaissances à opérer ?*
- « *J'ai besoin d'un adjoint au poste de DGA.
Comment s'assurer du potentiel du candidat pressenti ?* » Question clé pour décrypter : *Quels réflexes métiers attendus ? Quelle
expertise pour quelle mission ? Quel casting ?*
- « *Nous avons du mal à recruter. Je dois
certainement y être pour quelque chose,
mais je ne sais pas quoi.* » Question clé pour
décrypter : *Sur quel casting ? Avec quel
référentiel compétence ? Comment organisez-
vous la délégation ?*
- « *Il nous faut un consultant interne. Si non,
on n'y arrivera pas. Vous en dites quoi ?* »
Question clé pour décrypter : *Quelle serait sa*

valeur ajoutée par rapport à vous ? Souhaitez-vous qu'il participe à la décision ? Pour quoi faire ?

- « *Les actionnaires... Y'a que les résultats qui comptent. Alors on remplit des tableaux pour leur faire plaisir sur des prévisions impossibles. Et on les tient pas évidement. On explique après ce qu'ils n'ont pas voulu savoir six mois plus tôt, et on refait un tour. C'est dingue ce jeu de dupes !*»

Question clé pour décrypter : *Quel est leur intérêt ? Quels sont les signaux faibles au-delà de cette situation ?*

2. Quelle analyse de la situation ?

Le sens de la démarche proposée :
Premier temps (T1) : Clarifier la demande, connaître et comprendre. Appréhender le contexte / décrypter la situation et les enjeux / apprécier les acteurs, ceux qui sont ressources, ceux qui influencent et décident
T2 : Passer de la demande à la problématique
T3 : Enoncer une problématique que l'on peut résoudre

T4 : Valider la méthode ; S'assurer des conditions de réussites : Sincérité, volonté, engagement, courage, honnêteté comme préalable indispensable pour co-construire le plan d'action.

T5 : Co-produire le plan d'action.

3. De la demande à la problématique

Premier cas :

Illustration des deux premiers temps T1 & T2 avec ce premier cas :

Demande initiale d'intervention pour une enquête de harcèlement moral. Y a-t-il, dans le conflit présenté, harcèlement au sens juridique du terme ?

Premier Interlocuteur : DG d'une PME de 70 personnes.

Personnes impliquées : Deux collaborateurs au sein d'une équipe de dix personnes et un manager apparemment dépassé et inopérant.

La situation : La victime présumée se plaint d'être harcelée par sa collègue pour produire plus vite et respecter ainsi les délais requis pour tenir les engagements clients. Faute de quoi, il convient de rester tard le soir pour finir. La collègue en question estime donc que l'équipe pâtit de sa lenteur. Elle l'exprime, critique et reproche. Ce faisant, elle se substitue « de fait » au manager « en retrait ». La victime, de son côté, réfute et fait part de son désarroi et de sa souffrance aux syndicats qui saisissent la direction. L'enquête est diligentée par le service RH « Groupe » de la filiale.

L'instruction est faite par le consultant : Seize interviews en entretiens individuels des parties prenantes complétées par une grille d'analyse. Synthèse rédigée et restitution à la direction. Le harcèlement n'est pas avéré au sens juridique du terme et l'analyse met en évidence une « lacune managériale ». D'où la prise de pouvoir par défaut de la collègue impliquée dans le conflit. Le blocage est ici lié à l'absence de légitimité et se transforme en plainte. Il n'en demeure pas moins que la question de la compétence reste posée.

Au-delà de ces conclusions, on observe un fonctionnement de type « familial, à l'ancienne » qui perdure alors que la reprise de l'entreprise par un groupe européen requiert une adaptation de l'organisation et des pratiques managériales revisitées.

La direction générale souscrit à cette analyse qui corrobore son intuition. Elle souhaite s'engager dans une modernisation à la fois nécessaire mais aussi symbolique pour donner une suite positive à l'incident qui doit être dépassé. Il s'agit également de marquer la transition avec un nouveau cap et des pratiques plus homogènes.

Partageons maintenant le questionnement préalable qui fonde la mission principale et sous-jacente au symptôme. Le harcèlement a fait office de « déclencheur » de la modernisation qui s'impose. D'autant que l'entreprise fait face, en fait, à une transformation de son métier liée au numérique.

T1 : Clarifier la demande, connaître et comprendre

Appréhender le contexte / décrypter la situation et les enjeux

Questionnement :

En quoi consiste votre métier (vos métiers ?)

Comment se caractérise le marché ?

Quels sont les enjeux clients ?

Quelles sont les évolutions à prendre en compte pour répondre à ces enjeux ?

Comment fonctionne l'entreprise et les relations avec le groupe ?

Quelle est la stratégie et comment est-elle formalisée ? (groupe et filiale)

Comment êtes-vous organisés ?

Quelles sont les difficultés rencontrées ?

Qui sont les managers ?

Qui managent-ils ? (structure des équipes / rôles et effectifs)

Quel taux d'encadrement ?

Comment travaillez-vous ensemble ?

Quels axes de progrès avez-vous identifiés ?

Quel diagnostic poser ?

Quelles sont les évolutions des métiers du numérique et les contraintes nouvelles que vous identifiez ?

Qu'attend la direction du groupe de sa filiale ?

Qu'attendez-vous de la direction du groupe ?

Quelle sont vos délégations ? Vos missions ?

Que souhaitez-vous réussir ?

Quelles sont les menaces ?

Quels sont les risques ?

Quelle est votre intime conviction sur la suite de l'histoire ?

Quel est votre rêve, votre idéal ?

Comment voyez-vous l'évolution de votre rôle ?

Qu'attendez-vous des managers ?

Qu'attendent–ils de vous (si vous leur avez demandé) ?

Selon vous, de quoi ont-ils besoin? En avez-vous parlé avec eux ?

Quelles sont les demandes et attentes de leurs équipes ?

Quelles sont les évolutions nécessaires ? Les axes de progrès ? Pour l'ensemble des managers ? Pour chacun en particulier ?

Que pouvez-vous leur apporter ? Qu'est-ce qui est difficile ?

Qu'est-ce qui leur manque et leur serait utile ?

Qu'est-ce qui vous manque et vous serait utile ?

A partir de ces éclairages, nous pouvons synthétiser les informations et énoncer la problématique (T2) en co-construction avec les parties prenantes retenues. Le tout en une phrase, qui, par nature, n'est pas très littéraire... Mais c'est ainsi. Ici :

« Comment passer d'une entreprise familiale exemplaire à une filiale qui nécessite de se structurer « en conformité » sur cinq ans, sans perdre son âme et en conservant sa rentabilité, sa fiabilité et sa réputation, dans un contexte de mutation profonde du cœur de métier ? »

Il n'est pas possible de résoudre la problématique en l'état. L'étape suivante nécessite de quantifier les paramètres et d'introduire la notion d'objectifs intermédiaires en T3.

On note, dans le cas précis, que la problématique remonte au-delà du management : à la gouvernance et à l'organisation, aux compétences attendues, sur la base de la vision des dirigeants.

Nous validerons la méthode préconisée en T4 : Organisation de la démarche de travail opérationnel, mode opératoire, amendements et validation, suivi, ajustements, capitalisation et retours d'expérience.

Nous pouvons ensuite coproduire le plan d'action adapté en T5.

Deuxième cas :

Autre exemple dans une holding internationale qui impacte la volonté des actionnaires au-delà des dirigeants.

Demande initiale d'intervention pour un Plan de Sauvegarde de l'Emploi (PSE). Un changement de règlementation sur les prix fait imploser la demande et il devient nécessaire de se séparer d'une branche d'activité devenue un gouffre financier et un puits sans fond.

Premier interlocuteur : Président d'une holding ayant pour actionnaires égalitaires, deux leaders de l'énergie en France.

Personnes impliquées : le Directeur Général de la holding et les sept Dirigeants des filiales internationales et leurs premiers cercles.

La situation : Le licenciement collectif est réalisé pour conserver l'une des deux branches d'activité dédiée au développement des énergies nouvelles. Il convient à ce stade et au-delà du reclassement des personnels concernés par le PSE de bâtir un schéma de développement et de retour à la rentabilité. L'objectif est d'éviter une fermeture pure et simple des sites, compte-tenu de l'ampleur des pertes enregistrées et des prévisions financières catastrophiques.

Un directeur de site particulièrement impliqué dans la vie du groupe demande un coaching pour se projeter dans la suite de l'histoire. Mille questions se posent : Risques sociaux, conflits, grèves, continuité de service, service après vente de la branche d'activité supprimée, déstockage, déménagement, réorganisation du travail, gestion financière, communication aux clients, changement de marque... Bref, émerge alors la nécessité d'un projet d'entreprise groupe, incluant un plan d'urgence. L'analyse de la situation, partagée par le Président, a abouti à l'allocation d'un budget de gestion de crise auprès des actionnaires et à l'initiation d'une démarche participative de trois années.

T1 : Clarifier la demande, connaître et comprendre

Appréhender le contexte / décrypter la situation et les enjeux

Questionnement dans le cadre du coaching décliné en trois séances de deux heures :

Dans quel état d'esprit êtes-vous après ce PSE ?

Comment ressentez-vous l'ambiance, dans votre filiale ? Dans les autres filiales ? Dans la holding ?

Comment réagissent les actionnaires ?

Comment voyez-vous la suite ?

Qu'est ce qui dépend de vous ? Variables endogènes (valeurs fondatrices, culture d'entreprise, stratégie, culture métier, maitrise technologique, capacités d'engagement, fonction d'utilité publique, rayonnement international...)

Qu'est ce qui ne dépend pas de vous ? Variables exogènes (politiques, règlementation, tarifs et fiscalité, marché, spécificités des territoires d'implantations, état de la concurrence internationale, évolutions technologiques...)

Comment se caractérise le marché ?

Quid du modèle économique ?

En synthèse, quels sont les principaux risques, les principales contraintes, vos atouts majeurs ?

Au terme de ces coachings, une démarche s'engage pour refonder le projet d'entreprise, portée par le Président et validée par les actionnaires.

Des rencontres sous forme de Team building aboutissent à la problématique (T2) en co-construction avec tous les directeurs de filiales. Le tout en une phrase, qui, par nature, n'est pas très littéraire… Mais c'est ainsi. Ici : « Comment passer d'une entreprise qui perd de l'argent avec des compétences reconnues et une organisation peu efficace dans un marché ultramarin sinistré à une entreprise rentable en développement avec des managers efficaces sur des marchés ciblés dans un délai de 18 mois ».

La problématique ne peut pas être résolue en l'état. L'étape suivante nécessite de quantifier les paramètres et d'introduire la notion d'objectifs intermédiaires en T3.

On note, dans le cas précis, que la problématique remonte au-delà du PSE : à la stratégie et à l'efficacité de la ligne managériale en période de crise, de la mobilisation des acteurs, sur la base de la négociation avec les actionnaires.

T4 : Structuration du projet d'entreprise.

Axes de travail : Réflexion stratégique, réorganisation et déménagement de la holding en Europe, transferts de compétences au siège, déploiement du projet d'entreprise dans les filiales, professionnalisation des managers et homogénéisation des pratiques, ingénierie des rôles et des missions des membres du comité de direction, management à distance, renforcement de la coopération inter-filiales.

T5 : Plan d'action et suivi opérationnel.

Invitation à l'action : Votre situation est singulière...

Nous vous invitons à sélectionner deux ou trois situations dans votre contexte et vous entraîner à identifier la problématique en vous appuyant sur notre méthodologie. Vous avancerez utilement pour clarifier vos sujets et hiérarchiser vos priorités.

T1 Clarifier la demande, connaître et comprendre

Appréhender le contexte / décrypter la situation et les enjeux

T2 : Passer de la demande initiale à la problématique.

CHAPITRE IV
POUR ALLER PLUS LOIN

L'Hélice de l'engagement du dirigeant

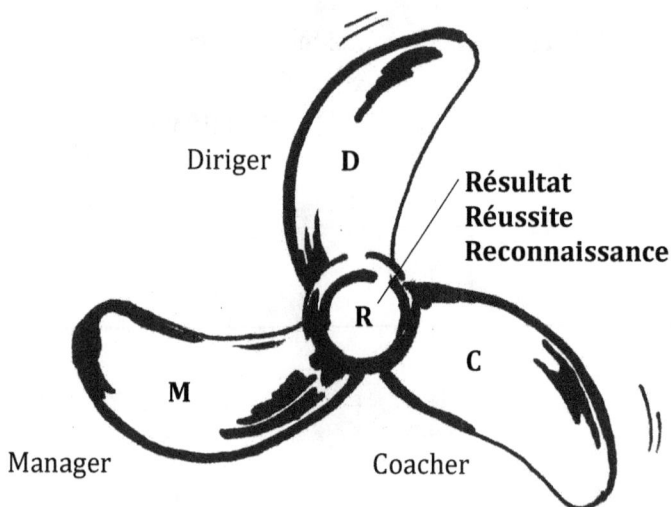

Au fond, nous l'avons vu, le dirigeant est au centre d'une propulsion sur trois pales. Diriger, Manager et Coacher. Chacune d'elle doit être d'importance comparable pour propulser l'organisation avec fluidité et efficacité. Parfois, l'hélice est rouillée car personne n'a le temps de s'en occuper vraiment, il faut naviguer coûte que coûte,

alors... on verra plus tard. Souvent, une pale est tout simplement disproportionnée dès le début. Tenir le cap est alors un exploit. Et c'est usant pour l'équipage qui s'essouffle en correctifs permanents, au risque de perdre les meilleurs éléments désireux de quitter le navire « trop lourd » et/ou « peu agile ».
Voyons ici ce que recouvre chacune des trois pales de cette hélice qui fonde l'engagement :

Garant du PROJET D'ENTREPRISE

Garant de la GOUVERNANCE

- Vision de loin
- Stratégie & positionnement

Garant des RESULTATS

- Reporting actionnaires ou états majors ou électeurs

Garant de la QUALITE

- Qualité relationnelle & satisfaction clients (Int. Ext.)

DIRIGER

Garant de la LEGALITE

- Légitimité & autorité

Garant de la SANTE

- Sécurité & qualité de vie au travail

Garant de la DIVERSITE

Garant de la PRISE DE DECISION

- Pilote les situations de crise et les conflits

153

**PROJET
D'ENTREPRISE
(fédère sur)**

- Définir avec le
  Codir les objectifs
  majeurs

**VISION
& le DESSEIN
(partage)**

- Co créer une vision,
  maintenir le sens,
  nourrir notre rêve
- Garantir les valeurs
  en actiont

**MOBILISE
LES ACTEURS**

- Animer le Codir
- Managers
  les managers

**PERFORMANCE
INDIVIDUELLE**

- Réunir les conditions
  de l'Engagement
- Capacité à agir
  et envie d'agir
  - Inspirer / Faire
    grandir

MANAGER

**PERFORMANCE
COLLECTIVE
(garant)**

- Organiser le travail
  / Rôles et Capacité
- Délégation
- Valider les
  recrutements
  et promotions

**Garant de la
COMMUNICATION**

- Interne et externe

**Garant du SUIVI
& du CONTRÔLE**

**Garant de la
MISE EN OEUVRE**

- Allouer les moyens

ACCOMPAGNE
son collaborateur

- Dans son évolution,
- Dans la réalisation
  de sa mission
- L'atteinte des
  objectifs

**SUIT &
CONTRÔLE**

Relève du
mode Manager
et du Diriger

IDENTIFIE
les problématiques
(ou fait identifier)
qui relèvent du
coaching et s'assurer
de l'adhésion

**FAIT AUTO
EVALUER**

- Atteinte
  des objectifs /
- Qualité relation &
  satisfaction client

COACHER

FAIT REFLECHIR

- Se poser les bonnes
  questions

FAISABILITE
(s'en assure)

Pertinence et réalisme
relève du mode
manager

**SOLUTIONS
& ACTIONS**
(fait proposer)

Conditions et mesure
du succès et modalités
de mise en oeuvre

FAIT FORMULER

- Les réponses
  pertinentes

Pour vous situer, dessinez votre propre hélice en accordant à chaque pale l'importance qu'illustre votre positionnement actuel. Quelle pale doit grandir pour être à l'équilibre ?

Dessinez ici votre propre hélice si le cœur vous en dit !

A la place de cette propulsion (DMC), qui relève du dirigeant, on trouve souvent des leaders naturels, des inspirateurs charismatiques et des animateurs talentueux. Ces aptitudes relèvent plutôt du don et de l'intuition. Elles ne se substituent pas à la force de propulsion de l'helice de l'engagement sur ses trois pales.

DIRIGEANT

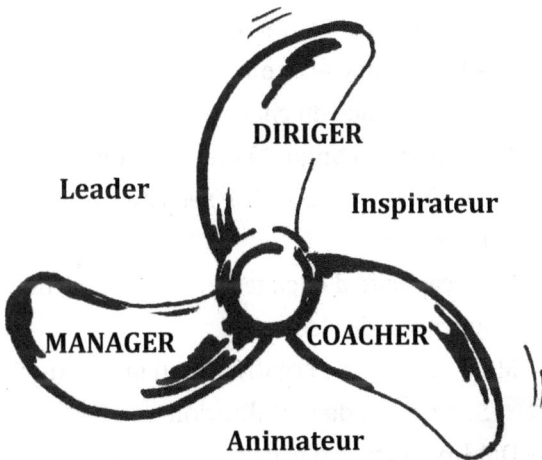

DIRIGER

Leader

Inspirateur

MANAGER

COACHER

Animateur

Memento :

- D Capacité à incarner et porter des valeurs les valeurs de l'entreprise / les valeurs personnelles
- M Sentiment d'appartenance et d'attachement – La coopération et le sentiment d'interdépendance
- M L'orientation communautaire et l'efficacité collective – l'orientation individualiste et l'efficacité individuelle – le réalisme économique – le goût de la performance du challenge
- M L'esprit de conquête - le goût et le sens du client – le goût et le sens du produit (service)
- M La capacité d'engagement – La capacité à la prise de risque
- M La capacité de créativité et d'innovation– Son niveau de mobilisation
- DM L'ouverture d'esprit et la curiosité – Le sens de la diversité – la capacité d'intégration
- DM L'importance de l'empreinte métier (corporation, compagnonnage).

L'importance de l'empreinte locale, régionale, pays

- DM L'ouverture au monde au multi culturel
- D La capacité de (re) mise en question
- M La confiance en soi – la capacité au « lâcher prise » et le sens du partage
- D Le respect des règles – la fiabilité des engagements – le respect des horaires, des délais
- D La relation à l'autorité
- D La relation au pouvoir
- DM La vitalité et le dynamisme
- MC L'adaptabilité – La résilience
- D Respect de la diversité
- MC Esprit de coopération
- DMC Qualité relationnelle
- M Capacité à accueillir, à intégrer
- D Capacité à accepter le débat contradictoire, la critique, la controverse
- D Arrogance, prétention, sentiment de supériorité
- D Propension à juger, à critiquer négativement
- D Capacité de mise en question et de remise en question

- D Capacité de reconnaissance
- M Capacité d'encouragement de soutien
- M Capacité à fêter les succès
- D Résilience / capacité à dépasser les
    échecs, à rebondir face à l'adversité
- M Capacité à fidéliser
- M Avoir confiance
- D Faire confiance
- MC Libérer l'initiative,
- MC Laisser de l'espace
- M Capacité à déléguer
- M Tendance à l'évitement, à se défausser
    (patate chaude et bébé avec l'eau du bain)
- D Courage
- M Tendance à l'ingérence
- M Tendance à la manipulation
- D A évaluer
- D A contrôler
- D Capacité à dire non
- D Capacité à décider
- D Capacité à arbitrer
- M Capacité à harmoniser les relations
- M Capacité à traiter les conflits

Comment vous situez-vous dans chacun des thèmes qui s'inscrivent dans le mode diriger ?

Garant de la vision de loin

Capacité à inspirer, à donner le sens, à donner du sens ?

Capacité à libérer l'intelligence de l'autre et lui laisser de l'espace pour se réaliser ?

Capacité à garantir la gouvernance, l'autorité, le résultat ?

Capacité à assurer la légitimité, la légalité, la représentation ?

Capacité à se centrer sur les clients, les parties prenantes, l'amélioration continue ?

Capacité à négocier ? Trouver des alternatives et passer du « non » au « oui si » au « oui et » ?

Capacité à se positionner en médiateur face au conflit ?

Capacité à évaluer, contrôler et à sanctionner ?

Remplir sa coupe (egocentrage) et faire grandir l'autre (altérocentrage) ?

2. L'Origami des compétences

En terme de richesses humaines, les dirigeants sont confrontés à trois grandes difficultés :
- Le remplacement des ressources et la continuité de service
- La perte des compétences avec le départ des personnes, au risque de voir disparaître des savoir-faire indispensables.
- Le temps passé, à autonomiser les nouvelles recrues, chronophage et coûteux, de l'intérim jusqu'au CDI.

Impact direct sur la polyvalence comme sur le recrutement. Pour s'y retrouver, il manque bien souvent un référentiel métier formel. L'origami présente cinq intérêts majeurs : Y voir clair, hiérarchiser, prioriser et faire évoluer les personnes et aussi les missions, notamment lors des entretiens d'évaluation. La démarche s'inscrit à cet égard dans la GPEC (Gestion prévisionnelle des emplois et des compétences).

Les bénéfices obtenus s'apprécient en termes :
- humain : effet de valorisation des personnes,

puissance de la rencontre et des regards croisés.

- organisationnel : gains de productivité au temps passé et optimisation des rôles et des missions

- managérial : autonomie des collaborateurs. Préparation des entretiens professionnels et engagements mutuels.

- financier: efficience par les économies de coûts conséquentes.

Inspiré symboliquement d'un art japonais de pliage de papiers précieux, l'origami permet de «déplier» ou décliner les compétences attendues à partir du métier des personnes. L'origami des compétences (C) revisite l'approche classique du Knowledge management (transfert de connaissances). La puissance de la démarche est de mobiliser les dirigeants pour travailler de manière «trans-hiérarchique» et collective. Transcender les niveaux et travailler en équipe transverse. Occasion de coopérer et récolter l'intelligence de chacun comme des fruits rares, pour nourrir le changement.

Nos expériences partagées avec les dirigeants confirment l'importance de ces deux questions :

Comment faire travailler ensemble, dirigeants et collaborateurs, habituellement éloignés, et qui avons pourtant bien des choses à partager et s'apporter mutuellement ?

Comment mettre en œuvre de manière fluide, simple et structurante, loin des usines à gaz ?

3. Les fondements de la confiance

Le dirigeant doit faire face périodiquement à des tensions graduées de bénignes à extrêmes. Elles marquent la vie de l'organisation. Des moments de dépression ou le moral est en berne, des signaux faibles révélateurs de climats dégradés, jusqu'aux conflits, aux harcèlements... La méthode COUE trouve ses limites : « Avec le temps ça va s'arranger », « il faut les laisser régler leurs comptes entre eux » « ça finira bien par passer » ... Même si la pensée positive est vertueuse, l'immobilisme ou le déni par rapport à ces questions délicates et sensibles ne résolvent rien. Le dirigeant est responsable du climat social. Il mérite son équipe, plus qu'il ne la subit. Il est donc à l'initiative de l'harmonisation des relations et, à ce titre, il veille et agit en faveur de la valorisation du capital humain.

La meilleure approche est la prévention bien évidemment. Mais lors de conflits ancrés avec des passifs profonds, le recours à un médiateur professionnel s'avère bénéfique. Il assure l'impartialité, l'indépendance et la neutralité nécessaire pour éviter l'arbitrage qui, lui, tranche et sanctionne. Ce qui change tout car les protagonistes sont partie prenante de la décision.

Promouvoir la qualité relationnelle.
A la fois baromètre et véhicule de la confiance, la qualité relationnelle représente le déterminant majeur du « Bien vivre ensemble »
Pour autant, elle ne va pas de soi. La qualité relationnelle ne se décrète pas. Elle ne relève pas d'actions ponctuelles ni de colmatage, d'opérations de séduction, de plaquettes ou de beaux discours. C'est une volonté qui

participe des grands équilibres de la qualité de la vie, elle transforme les attitudes et les actes et se construit lentement, avec des preuves apportées au quotidien. L'équipe dirigeante porte ce sujet et le fait vivre par son exemplarité. Elle incarne les valeurs qui fondent la confiance et animent la qualité relationnelle : le respect mutuel, l'altérocentrage, la cohérence entre les paroles et les actes, la coopération, l'engagement et la capacité de reconnaissance. Elle repose bien sûr sur une vision partagée, la clarté des objectifs communs co-construits et l'adéquation des compétences par rapport aux enjeux. Si la confiance commence par se donner, il convient d'être vigilant en inscrivant la qualité relationnelle dans une relation suivie, durable, en cultivant les feedbacks, avec la possibilité d'une rencontre, d'un dialogue pour s'ajuster, se recaler, se retrouver. Au fond, la confiance s'acquiert goutte à goutte et se perd par litres !

Nos expériences partagées avec les dirigeants confirment l'importance de ces deux questions :

Comment apprécier la qualité relationnelle au sein de notre organisation en mettant au cœur les clients internes et externes?

Comment mobiliser les acteurs pour la promouvoir durablement ?

CHAPITRE V
EPILOGUE

Si ce livre vous a été utile dans votre métier de dirigeant, public ou privé, de grandes entreprises ou de PME, nous avons atteint notre objectif.

Si ce livre vous a éclairé sur l'interaction des métiers de dirigeant et de consultant, nous avons fait avancer ensemble la coopération.
Si vous avez pris plaisir, nous sommes heureux d'avoir entrepris ce travail. La suite vous appartient !

Dès à présent, sentez-vous libre de poursuivre ce livre, noter encore et pour vous même, les fruits de votre réflexion : vos envies, les freins et vos aspirations de dirigeant.

« Traitez les gens comme s'ils étaient
ce qu'ils devraient être et vous les aiderez à devenir
ce qu'ils peuvent être »
Goethe

Remerciements

Benoît Falque remercie particulièrement :
Faldo, Artiste Peintre, pour ses illustrations et son talent
Térence Mosca, TM Consulting
À ceux qui m'ont marqué de magnifiques coopérations professionnelles :
Philippe Chauwin, Total
Maggaly Chamontin, Tessi Group
Bénédicte Pellerin, Air France
Et bien d'autres que je ne peux pas citer ici.
À ceux qui m'ont donné un bout de leur élan, de leurs passions et de leurs compétences :
Pierre-Luc Séguillon, Bernard Brunhes, Francois Humblot, Francis Girard, Jacques Vernet, Bernard Vidal, Gérard Vaël, notamment.

Gérard Vaël remercie particulièrement :
Mes pensées et ma gratitude vont vers eux:
De profondes inspirations Georges, Jean...
De l'empreinte filiale Janine et Lucien
De fortes complicités Reinhold, Christine. François, Benoît et tant d'autres
De l'amour de mes proches Danielle mon épouse, de mes enfants Laura et Nathalie, mes gendres Nicolas et Samuel et leurs enfants par ordre d'entrée en scène Raphael, Eloise, Alissa, Axel et Elisa, de bien belles personnes en devenir et peut être de futurs dirigeants ou pas.

Biographies des auteurs

Benoît Falque accompagne les dirigeants depuis plus de 20 ans.

De formation internationale en management (Paris - New York - Tokyo), Benoît développe le goût de l'autre. Il décide alors de poursuivre ses études dans le journalisme avec un désir : partager des tranches de vie. C'est ce qu'il fera tout au long de sa carrière déjà bien remplie. Singulier, il grandit comme témoin engagé et soutient la réflexion des dirigeants.

Commandant de la réserve citoyenne dans l'armée de l'air et auditeur IHEDN (Institut des Hautes Études de Défense Nationale), il offre ses compétences de consultant comme bénévole de la fonction publique, dans la sphère militaire (interarmée). Un volet «citoyen» qui relève d'un engagement personnel.

Son parcours professionnel s'articule en trois temps : Journaliste d'abord, Benoit Falque travaille notamment avec Pierre-Luc Seguillon, ancien chef du service politique de TF1 avec qui il s'associe. Dirigeant du cabinet conseil à Paris, il exerce alors comme consultant, entre management et information. Il intervient notament sur des sujets sensibles comme la «mission euro» de la Poste.

En 2004, il renforce ses compétences d'appui conseil aux dirigeants et crée le bureau BPI Group - Leroy Dirigeants - dans l'Ocean Indien avec lequel il coopère avec bonheur pendant dix ans.

En 2014, il fonde BFC-DM, et poursuit son activité de coach, certifié Prédom et de consultant expert. Il travaille en lien avec les membres des réseaux Syntech, Anact et APM.

Objectif affiché : gagner en efficacité et réduire l'usure des Hommes liée au besoin permanent de performance.

Sortir de l'urgence, repenser l'avenir et dépasser les difficultés chroniques sont les trois pilliers de sa valeur ajoutée.
Contact : benoit.falque@bfc-dm.com

Gérard Vaël coache, conseille et forme les managers et les dirigeants avec lesquels il progresse depuis plus de trente ans.

Il exerce des fonctions de développeur, puis de direction dans une PMI franco-allemande de 500 personnes, spécialisée dans l'ingénierie, l'organisation et l'aménagement des pharmacies, laboratoires et hôpitaux.

En 1980, après un 3ème cycle au Centre d'Etudes Supérieures des Affaires de Jouy en Josas, il crée avec Reinhold Papendieck son cabinet de conseil en développement, en particulier dans la sphère santé.

En 2000, il rejoint Humblot Grant Alexander comme partenaire associé, puis Leroy Dirigeant, Groupe BPI. Certifié MBTI,
il transmet aux responsables les postures et techniques du coaching.
Ses interventions sont courtes, opérationnelles et contribuent à renforcer l'autonomisation. Les missions d'accompagnement s'inscrivent généralement dans une dé-

marche de qualité relationnelle, de cohésion d'équipe, de développement (décisions à fort enjeu) et d'adaptation aux évolutions.

Médiateur professionnel, certifié EPMN, il intervient sur des projets sensibles, résolution de conflits et situations de crise.
Il a enseigné le management des Ressources Humaines, notamment à l'Ecole Centrale et a crée un DIU à Paris 5.

Expert APM (Association Progrès du management qui compte plus de 7000 dirigeants), il anime depuis 2002 des rencontres à forte valeur ajoutée.

Les mots qui le définissent bien : Révélateur de talents, harmonisateur, passeur, insuffleur d'énergie et de confiance en soi.
Contact : www.mediateurexpert.fr

Vos aspirations

....

....

....

....

....

....

....

....

....

....

....

....

....

....

....

....

....

....

....

Vos envies

....

....

....

....

....

....

....

....

....

....

....

....

....

....

....

....

....

....

Les freins

....

....

....

....

....

....

....

....

....

....

....

....

....

....

....

....

....

....

....

Dépôt légal : octobre 2017
Imprimé par createspace

www.ingramcontent.com/pod-product-compliance
Lightning Source LLC
Chambersburg PA
CBHW070402200326
41518CB00011B/2027